部下のメール・チャットが読みづらい！と感じたときに読む本

著

メール・チャット研修講師

伊藤謙三

もくじ

はじめに　　　　　　　　　　　　　　　　　　　　　　　　　　004

第一章　テキストコミュニケーションの特性を理解しよう　　008

同期コミュニケーションと非同期コミュニケーションの違い　　009

非同期コミュニケーションのメリット・デメリット　　　　　011

同期コミュニケーションと非同期コミュニケーションの使い分け　013

テキスト上のコミュニケーションロスによる弊害　　　　　015

第二章　メール・チャットによる報連相の3大原則　　018

原則1. メール・チャットは読むのが面倒なものである　　019

原則2. テキストによる情報伝達は想像以上に伝わりづらい　　021

原則3. ビジネスコミュニケーションには必ず目的がある　　023

第三章　【部下に指導する前のおさらい】ビジネスメール・チャットの基礎知識　025

ビジネスメールの基礎知識　　　　　　　　　　　　　　026

ビジネスチャットの基礎知識　　　　　　　　　　　　　036

メール・チャットの使い分け　　　　　　　　　　　　　043

第四章　メール・チャットの書き方15箇条　　045

その1. 書く前に用件を整理する　　　　　　　　　　　047

その2. 用件がひと目で分かる件名にする　　　　　　　052

その3. 「目的→結論→補足情報」の順で書く　　　　　055

その4. 一文の長さは60文字以内におさめる　　　　　059

その5. 箇条書きで見た目を整える　　　　　　　　　　062

その6. 見出しを使って内容を区切る　　　　　　　　　065

Column I　チャットに関するルールは設けられている？　　069

その7. 改行や空白行で適度な余白を作る　　　　　　　070

その8. 「相手にしてほしいこと」を明記する　　　　　074

その9. 事実と解釈をはっきりと分ける　　　　　　　　077

その 10. 可能な限り具体的に書く　　　　　　　　　　080

その 11. 相手のメッセージを引用しながら返信する　　　082

その 12. メッセージの往復を減らす工夫をする　　　　088

その 13. できる限り素早く返信する　　　　　　　　　093

その 14. 気持ちや感情をテキストで表現する　　　　　098

その 15. 送信前に必ず見直しをする　　　　　　　　　102

第五章　メール・チャットの教え方 7 箇条　　　107

その 1.「メール・チャットによる報連相の 3 大原則」を共有する　109

その 2.「自分の文章は完璧」という先入観を捨てる　　111

その 3.「正しさ」よりも「読みやすさ」に着目する　　114

その 4.「読みやすい文章」の定義を説明する　　　　117

その 5. 添削を通じて問題点や改善案を提示する　　　122

その 6. いいところを見つけてしっかり褒める　　　　127

その 7. 総評を添えて今後の指針を示す　　　　　　　130

Column 2　「！」の使用はマナー的にアリだと思う？　132

第六章　実践問題〜部下のメール・チャットを添削してみよう〜　133

【例題 1】お取引先への質問メール　　　　　　　　134

【例題 2】上司との日程調整（チャット）　　　　　138

【例題 3】上司への報告（メール）　　　　　　　　142

第七章　メール・チャットの指導に潜む構造的な問題点　146

理由 1：書く技術に精通している人が少ない　　　　147

理由 2：世代によってコミュニケーションのセオリーが異なる　150

理由 3：部下へのダメ出しには中毒性がある　　　　154

おわりに　　　　　　　　　　　　　　　　　　157

著者プロフィール　　　　　　　　　　　　　　160

はじめに

“日出処の天子、書を日没する処の天子に致す”

　こちらは、厩戸皇子（後の聖徳太子）が隋の皇帝に送ったとされる書簡の一節です。隋という大国に対して「あなたとは対等の関係にあります」という旨の文章を送ってしまい、隋の皇帝を激怒させてしまいました。

　このエピソードは、現代風に言い換えれば「テキストコミュニケーションの失敗」と表現できるでしょう。ほんの少し工夫すれば、このような事態は回避できたのかもしれません。そして1400年以上経った現代でも、ビジネスシーンではこうした失敗がメール・チャット上で繰り返されています。

　さて、本書を手にとっていただきありがとうございます。この書籍では、**ビジネスメール・チャットに関するノウハウを、文章のプロの目線で分かりやすく解説しています。**書き方と同時に「教え方」にもフォーカスしている点が本書の最大の特徴です。

　本書を手に取った方の多くは、ビジネスシーンにおけるメール・チャットに関して以下のようなお悩みを抱えていることでしょう。

◉部下のメール・チャットが読みづらい

◉何度指摘しても改善されない

◉指導に手間がかかりすぎる

◉正しく指導できている自信がない

　これらのお悩みは、私が運営する「ビジネスメール・チャット添削研修」の中でもたびたび耳にしています。部下への指導の手間は限りなく少なくしたいもの。一回の指導で理解してもらえたら嬉しいですが、なかなかそうもいきません。

　では、なぜ部下は指導内容をなかなか理解してくれないのでしょうか。この問いに関連する興味深いデータがあります。

　弊社では、ビジネスパーソン400人（上司200人・部下200人）を対象とした、メール・チャットにまつわるアンケート調査（※1）を行いました。その中で「上司にメール・チャットの書き方を教わる際、どのようなストレスがありますか？」と質問したところ、以下の回答が得られました。

※1：「ビジネスメール・チャットに関する社内教育の実態調査」2024年4月、株式会社YOSCA実施。（参考）https://prtimes.jp/main/html/rd/p/000000003.000061488.html

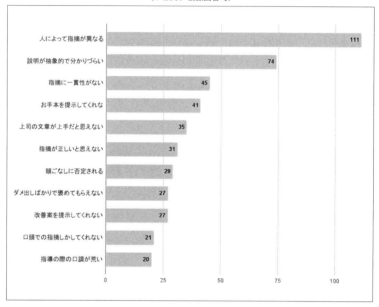

最も多かった回答は「人によって指摘が異なる」であり、次に多かったのが「説明が抽象的で分かりづらい」「指摘に一貫性がない」という回答です。上位の回答はどれも、指導内容のあいまいさを表すものでした。

この結果は、編集者および研修講師としてこれまでに500人以上の方の文章を添削してきた私の感覚とも合致しています。あいまいな言葉による指導では、まったくと言っていいほど文章は改善されません。「これでもか」というくらい徹底的に指摘

を言語化することで、ようやく指導の効果があらわれます。

　以上の理由から、本書は「言語化」という点にひたすらこだわりました。

◉よい文章とは何か。
◉読みやすい文章と読みづらい文章の違いとは何か。
◉どのような点を指摘すればいいのか。
◉どのような言葉で伝えればいいのか。
◉どのようなマインドで指導にあたればいいのか。

　これらの要素を徹底的に言語化し、実践的なノウハウとして落とし込みました。併せて、各所でアンケート調査のデータを紹介しつつ、ビジネスメール・チャットの実態をロジカルに解説しています。

　これからご紹介するノウハウやデータが、部下の教育を担当する皆様の一助になりましたら幸いです。

第一章
テキストコミュニケーションの特性を理解しよう

　メールやチャットをはじめとしたテキストコミュニケーションは、現代ではビジネスコミュニケーションの主力となりました。もはやメールやチャットなしではビジネスは成り立たないほど、その重要性は増しています。弊社で行ったアンケート調査では、多くの人がテキストコミュニケーションスキルを「重要性なスキルである」と回答しています。

現代のビジネスにおいて、
テキストコミュニケーションのスキルは重要だと思いますか？
(n=400)

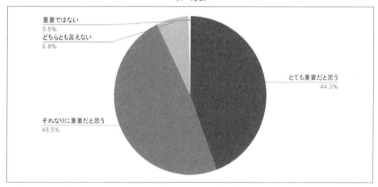

　本章では、このテキストコミュニケーションの特性を確認していきたいと思います。

同期コミュニケーションと
非同期コミュニケーションの違い

　さて、皆様は「同期コミュニケーション」と「非同期コミュニケーション」という言葉をご存知でしょうか。これらはコミュニケーションのタイミングに関する概念であり、それぞれ異なる特性を持っています。

　同期コミュニケーションは、お互いが同じタイミングで情報を共有しあうコミュニケーション形式のことを指します。対面での会話、電話、ビデオミーティングなど、リアルタイムでのやりとりを求められるコミュニケーションは、こちらに分類されます。

　それに対し、**非同期コミュニケーションは、お互いが都合のよいタイミングで情報を共有しあうコミュニケーション形式**のことを指します。本書で取り扱うメールやチャットなどのテキストコミュニケーションは、こちらの非同期コミュニケーションに分類されます。

同期コミュニケーション

お互いが**同じタイミング**で
情報を共有しあうコミュニケーション

例)
- 対話での会話
- 電話
- ビデオミーティング など

非同期コミュニケーション

お互いが**都合のよいタイミング**で
情報を共有しあうコミュニケーション

例)
- メール
- チャット
- 手紙 など

非同期コミュニケーションの
メリット・デメリット

　テキストコミュニケーションの特性を理解するうえでは、この非同期コミュニケーションというものを正しく理解する必要があります。ここからは、非同期コミュニケーションのメリット・デメリットについて見ていきましょう。

　非同期コミュニケーションの最大のメリットは、自分のペースで対応できる点です。送信者は自分の都合のよい時間にメッセージを送信でき、受信者も自分のタイミングで対応できます。このように、忙しいビジネスパーソンでも効率的にコミュニケーションを取ることができるのです。

　そして、メッセージをじっくりと考えてから送信できるため、精度の高い情報共有が可能になります。加えて、メッセージの履歴が残るため、過去のやり取りを振り返ることが容易であり、情報の整理や確認がしやすくなります。「言った・言わない」のトラブルが生じにくく、また集中して作業しやすくなるので、個々のパフォーマンスを最大化することができます。

　一方で、非同期コミュニケーションにはデメリットも存在します。最大のデメリットは、情報伝達に時間がかかることです。まず、メッセージを作成するのに時間がかかります。そして、受け取った側はそのメッセージを読解する必要があり、ここに

も一定の時間がかかります。こうなると、緊急の問題に対して迅速に対応することが難しく、重要な決定が遅れる可能性があります。

　加えて、非同期コミュニケーションでは、表情や声色などといった非言語の情報が相手に伝わりません。詳細なニュアンスや細かな機微が伝わりづらいため、誤解が生じるリスクが高まります。そのため、即時性が求められる状況には適していません。

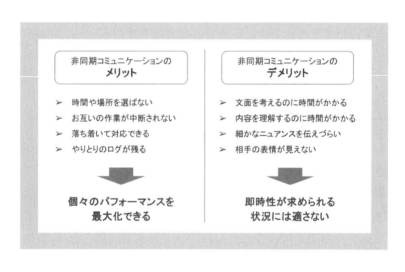

　このように、非同期コミュニケーションにはメリット・デメリットがあります。非同期コミュニケーションだけを使っていては、効率的なコミュニケーションは図れません。

同期コミュニケーションと
非同期コミュニケーションの使い分け

　では、どのようにして同期コミュニケーションと非同期コミュニケーションを使い分けるべきでしょうか。

　まず、**緊急性の高い問題や複雑な議論が必要な場合には、同期コミュニケーションが適しています。**例えば、プロジェクトの進行状況に関する重要な会議や、トラブルシューティングのためのブレインストーミングセッションなどです。

　一方で、**緊急性が低く、詳細な説明が必要な場合には、非同期コミュニケーションが有効です。**例えば、プロジェクトの進行報告や、提案書のレビュー依頼などが挙げられます。非同期コミュニケーションを利用することで、メンバーは自分のペースで情報を消化し、より深く考えた上でフィードバックを行うことができます。

　また、同期コミュニケーションと非同期コミュニケーションを組み合わせることも効果的です。例えば、週に一度のビデオ会議で全体の進捗を確認し、日々の詳細なやり取りはチャットやメールで行う、といった方法です。こうすることで、全体の方向性を共有しつつ、個々のタスクに関しては柔軟に対応することができます。

このように、同期コミュニケーションと非同期コミュニケーションを適切に使い分けることが、業務の効率化やチームの一体感向上につながります。**ベースは非同期コミュニケーションを使用し、緊急時などには同期コミュニケーションを使用するのが最も効率的**であると言えるでしょう。

テキスト上のコミュニケーションロス による弊害

　皆様は「コミュニケーションロス」という言葉をご存知でしょうか。コミュニケーションロスとは、コミュニケーションの不具合によって生じる損失のことを指します。

　ビジネスシーンにおいては、情報がうまく伝わらなかったり、誤解が生じたりすることで、業務やプロジェクトに支障をきたしている状態などを意味します。特に、メールやチャットなどのテキストコミュニケーションにおいては、相手の表情や声のトーンが伝わらないため、不具合が生じやすいです。

　　例）

・曖昧なメールを送ったために想定と異なるものが納品された

・社内で無駄なチャットの往復が多すぎて残業が増えている

・配慮に欠けたメールを送ってしまい取引先に不信感を与えた　など

　それでは、メール・チャット上で生じがちなコミュニケーションロスを3パターンに分類してみたいと思います。

> ## メール・チャット上で生じがちな
> ## 3つのコミュニケーションロス
>
> **1.曖昧な説明によるコミュニケーションロス**
>
> **2.誤解を招く表現によるコミュニケーションロス**
>
> **3.時間差によるコミュニケーションロス**

1つ目は、**曖昧な説明によるコミュニケーションロス**です。書き手が具体的な情報を省いたり、抽象的な表現を使ったりすると、受け手が混乱する可能性が高まります。

例えばチャット上にて、上司が部下に対して「できるだけ早く資料を準備してほしい」とだけ書いてメッセージを送ったとしましょう。現状では具体的な締め切りや期待する内容がわからないので、部下は混乱してしまうことが予想されます。結果としてミスが生じやすくなるのはもちろん、確認のためのメッセージの往復が増えることで、タイムロスも生じてしまいます。

2つ目は、**誤解を招く表現によるコミュニケーションロス**です。テキストでは相手の表情や声のトーンが伝わらないため、たと

え無意識に使った言葉でも相手が「冷たい」「高圧的」と感じてしまうことがあります。場合によっては「失礼」という印象を与えてしまいかねません。

例えば、単に「了解です」や「いいえ」といった、短い一言の返事は迅速な回答として便利ですが、場合によっては冷たく感じられることがあります。こうした返事は、状況に応じて「ありがとうございます、確認いたしました」のように、少し丁寧な表現へと書き換えることが望ましいです。

3つ目は、**時間差によるコミュニケーションロス**です。メールやチャットの特性として、やり取りにタイムラグが生じやすく、迅速なコミュニケーションが求められるシチュエーションでは情報伝達の遅れが問題になります。

例えば、顧客からのお見積もりの依頼に対して、丁寧かつ詳細な回答を準備しようとして、メッセージの作成に時間をかけすぎたとしましょう。最終的に送信するまでに2日かかってしまい、その間に顧客が競合他社へ依頼をしてしまった場合、会社としての損失はとても大きなものになります。

以上が、メール・チャット上で生じがちなコミュニケーションロスの3パターンでした。こうしたコミュニケーションロスを削減し、組織の業務効率を向上させることが、本書の最終的なゴールです。

第二章

メール・チャットによる
報連相の3大原則

　前章では、テキストコミュニケーションの特性について確認しました。これらの特性を踏まえたうえで、メール・チャットについて部下に指導する際に、必ず念頭に置くべき報連相の原則が3つあります。

原則1. メール・チャットは読むのが面倒なものである

原則2. テキストによる情報伝達は想像以上に伝わりづらい

原則3. ビジネスコミュニケーションには必ず目的がある

　本章では、これら3つの原則について詳しくご紹介します。部下に指導する際の前提として、これらを必ず覚えておきましょう。

原則1. メール・チャットは読むのが面倒なものである

「文章を読む」という行為は、基本的には面倒なものです。メール・チャットも例外ではありません。特にビジネスシーンにおいては、業務として義務的にメッセージのやりとりをすることも多く、それらは決して楽しいものではありません。

弊社で行ったアンケート調査では、**メール・チャットを確認したり返信したりする作業を「好き」と答えた人は8%しかいませんでした。**「やや好き」と答えた人は29%であり、こちらもそれほど多い割合ではありません。

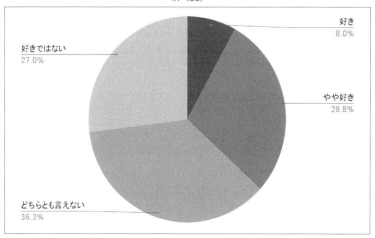

日々の業務において、メール・チャットを
確認したり返信したりする作業は好きですか？
(n=400)

好き 8.0%
やや好き 28.8%
どちらとも言えない 36.3%
好きではない 27.0%

現代は情報があふれる時代です。仕事の合間に大量のメールやチャットのメッセージを確認し、対応するのは非常に手間がかかります。特にビジネスメールは、その内容が複雑であったり長文であったりすると、読むのが一層億劫になります。

　「メール・チャットを確認する」という行為には、多かれ少なかれストレスが発生します。**このストレスを生じさせないためには、読みやすくしたり、文量を減らしたり、往復を減らしたりする工夫が必要です。**「送信すれば読んでもらえる」という思い込みは捨て、相手に負担をかけずに読んでもらうための工夫をするよう心がけましょう。

原則 2. テキストによる情報伝達は想像以上に伝わりづらい

　第一章では、非同期コミュニケーションのデメリットについて触れました。テキストによるコミュニケーションでは、声のトーン、表情、身振り手振りなどの非言語情報が欠如しています。非言語の手がかりがないため、誤解が生じやすくなります。

　テキストによる情報伝達は想像以上に伝わりづらいものです。しかしながら、この前提を自覚できている人はそう多くないように思えます。弊社で行ったアンケート調査によると、**8割以上の人が「メール・チャットで言いたいことがうまく伝わらずにイライラしたことがある」**と回答しています。

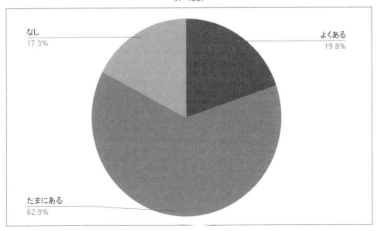

メールやチャットで、言いたいことがうまく伝わらずに
イライラしたことはありますか？
(n=400)

会話と同じような感覚でテキストを作っていては、まず相手に伝わりません。**テキストによる情報伝達は想像以上に伝わりづらい、という点をあらかじめ理解しておきましょう。**「書いたものはすべて理解してもらえる」という思い込みは捨て、細部まで丁寧に文章を作り込む癖をつけることが大切です。

原則 3. ビジネスコミュニケーションには必ず目的がある

　ビジネスコミュニケーションには、友達との雑談などとは異なり、常に明確な目的があります。目的の例としては、報告、連絡、相談（いわゆる報連相）などが挙げられます。より細分化すれば、指示、催促、お誘い、お礼、お詫びなども目的として挙げられるでしょう。

　目的が不明瞭な状態で行われるビジネスコミュニケーションでは、必ずと言っていいほどすれ違いが生じます。**曖昧な質問や不十分な指示など、これらは誤解や混乱を招く大きな原因となり、組織全体の業務効率を著しく低下させます。**

　例えば、部下から以下のようなメッセージを受け取ったとしましょう。

　例）
お疲れ様です。○○です。
明日の 14 時ごろ、お時間ありますか？

　このメッセージには、目的、つまりは「何のためのメッセージか」という点が書かれていません。仮に上司のスケジュール

が空いていたとして、そこで一体何が行われるのか……。上司としてもうかつな返答はできませんので、まずはこのメッセージの目的や意図を確認する必要があるでしょう。このメッセージを受け取った上司の困惑する顔が目に浮かびます。

　もしこれが友人との他愛もない会話であれば、「空いてるけど、どうしたの？」と返すだけで問題なくコミュニケーションは続くでしょう。ただし、ビジネスコミュニケーションの場合はそうもいきません。余計なメッセージの往復が増え、業務のスピード感が落ちてしまいます。

　多くの場合、報連相が苦手な人はこの「目的」というものをあまり重要視していません。自分の考えや気持ちを伝えること自体が目的となり、「何のためのメッセージか」という点を伝える努力を怠ってしまいます。

　ビジネスシーンでメール・チャットを作成する際は、目的を明確化しつつ、その目的を常に念頭に置くことが求められます。併せて、その目的を相手にしっかりと共有することも忘れないようにしましょう。

第三章

【部下に指導する前のおさらい】
ビジネスメール・チャットの基礎知識

　本章では、ビジネスシーンにおけるメール・チャットに関する基礎知識をおさらいします。主に以下のような内容を取り扱います。

◉ビジネスメールのテキストの構造
◉ビジネスメールとビジネスチャットの違い
◉ビジネスチャットのテキストの構造
◉代表的なビジネスチャットツール
◉メールとチャットの使い分け

　部下に指導する前の確認用としてお使いください。

　なお、これらはあくまでも基礎知識のおさらいですので、不要な場合は読み飛ばしていただいて構いません。

ビジネスメールの基礎知識

代表的なメールツール

　代表的なメールツールとして、Gmail と Microsoft Outlook の 2 つが挙げられます。Gmail は Google が提供するメールサービスで、直感的な操作性と豊富な機能が特徴です。一方、Microsoft Outlook は Microsoft が提供するメールサービスで、Office 365 との連携が強みです。

　どちらのツールを使用するかは、企業の方針や個々の使い勝手によりますが、メールの作成手順や基本構造は共通しています。

ビジネスメールのテキストの構造

　ビジネスメールのテキストは、以下の 3 ブロックに分けられます。

◉宛先
◉件名
◉本文

　そして、本文をより細分化すると、以下の 4 項目に分類できます。

◉宛名
◉挨拶

◉本題
◉署名

それぞれ見ていきましょう。

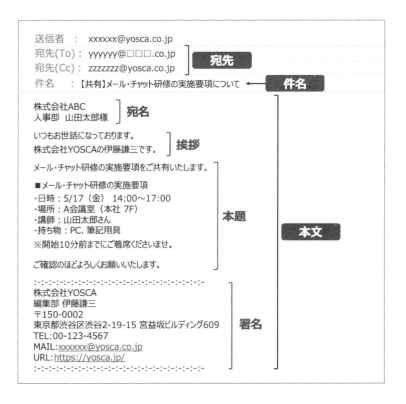

宛先

宛先の部分には、送り先のメールアドレスを記載します。宛先には「To」「Cc」「Bcc」の3種類があります。

「To」には、主にメールの受信者となる人物のメールアドレスを入力します。ここには、最も重要な連絡先を設定します。例えば、プロジェクトの担当者や上司など、直接的なやり取りが必要な相手を指定します。

「Cc（カーボンコピー）」には、メールの内容を知っておく必要があるが、直接の対応は求められない受信者を設定します。例えば、メールのやり取りには直接関係しない同プロジェクトメンバーや上司に送る場合がこれに該当します。Cc欄に追加された受信者のメールアドレスは、全ての受信者に表示されるため、誰がメールを受け取っているかを確認できます。

「Bcc（ブラインドカーボンコピー）」には、他の受信者にメールアドレスを知られたくない場合に使用します。Bccに設定された受信者は、お互いに他の受信者が誰であるかを確認することができません。こうすることで、プライバシーを保護しつつ、多くの人に同じ内容のメールを送信できます。メールの一斉配信に利用されるケースは多いですが、情報漏洩の危険性が伴うなど注意は必要です。

件名

ビジネスメールにおける件名は、メールの受信者が内容を迅速に把握できるようにするための重要な要素です。適切な件名を設定することで、相手に対して明確なメッセージを伝え、スムーズなコミュニケーションを促進します。

一目でメールの内容を直感的に理解できる件名が理想です。
「いつもお世話になっております」「先日はありがとうございました」など、内容が予測できない抽象的な件名は望ましくありません。

　加えて、**件名はできるだけ短く、そして具体的な内容を示すものにしましょう。**例えば、「会議のご案内」「資料送付の件」「進捗報告」など、メールの目的が一目で分かるように書くことが重要です。冗長な表現は避け、簡潔に要点を伝えるよう心がけます。

　件名の書き方に関するより具体的なノウハウは、第四章でご説明します。

宛名 ✎

　メッセージの冒頭には、宛名として送り先の情報（会社名、部署名、氏名など）を記載します。なお、宛名の書き方は、相手との関係性によって内容が微妙に異なります。より具体的に言えば、関係性が近ければ記載内容を省略する場合が多いです。

　例えば、初めてメールを送信する相手であれば、会社名、部署名、氏名をしっかりと記載します。

```
例)
株式会社 ABC
人事部
山田太郎様
```

　一方で、すでに繰り返しやり取りをしている相手であれば、部分的に情報を省略しても問題ありません。例えば、会社名や部署名を省略し、「山田様」と名字だけを書いても十分に事足りるでしょう。

　なお、社内メールにおいては、部署名や役職名の書き方に会社独自のルールが存在する場合があります。事前に確認しておくことをおすすめします。

挨拶 ✎

　宛名の次は、挨拶の一言を記載します。挨拶の基本として、「お世話になっております」や「いつもお世話になっております」という表現があります。これらは、相手に対する感謝の気持ちや日頃の関係性を強調する言葉です。特に、取引先や既存の顧客に対しては、この表現を使うことで、関係を重視している姿勢を示せます。

　また、初めてメールを送る相手に対しては、「はじめまして」

や「突然のご連絡失礼いたします」という挨拶が適しています。**これらの表現は、相手に対して丁寧な印象を与えるとともに、自分の立場や状況を説明する前置きとしても効果的です。**初対面の相手には、まずは自己紹介を兼ねた挨拶を丁寧に行いましょう。

　社外の方には「いつもお世話になっております」、同じ会社の人には「お疲れ様です」などを使うのが一般的です。併せて、自分の情報（会社名、部署名、氏名など）も記載します。

　例）一般的なビジネスメール

お世話になっております。

株式会社 YOSCA の伊藤です。

　例）初めて連絡を取る場合

お世話になります。

株式会社 YOSCA の伊藤と申します。

突然のご連絡、失礼いたします。

例）久しぶりに連絡を取る場合
ご無沙汰しております。
株式会社 YOSCA の伊藤です。
○○の節は、お力添えいただき、誠にありがとうござい
ました。

本題 🖊

　挨拶の次に、伝えたい情報を文章としてまとめます。件名に
書いた内容を、端的かつ具体的に記載しましょう。

　本題部分の書き方に関するテクニックは多々ありますが、**ま
ず重視すべきは、要点を冒頭にまとめることです**。例えば、「〇〇
の件についてご相談です」といった一文で、メールの目的を明
確に示すとよいでしょう。こうすることで、相手がメールの内
容を一目で理解しやすくなります。

例）
お世話になっております。
株式会社 YOSCA の伊藤です。

先日の打ち合わせ内容について、
ご確認のため メールを差し上げました。

その他、本題部分の書き方に関するテクニックは、第四章で詳しく解説します。

署名 🖉

署名の部分には、自分の情報を記載します。挨拶の部分で記載したものよりも詳細な情報を書きましょう。一般的には、会社名、部署名、氏名、会社の住所や電話番号などが記載されます。その他、自社サービスの紹介文などを記載するケースもあるでしょう。

例）基本パターン

:-:

株式会社 YOSCA

編集部 伊藤謙三

〒150-0002

東京都渋谷区渋谷 2-19-15 宮益坂ビルディング 609

TEL:00-123-4567

MAIL:xxxxxx@yosca.co.jp

URL:https://yosca.jp/

:-:

例）自社サービスの紹介を入れるパターン

:-:

株式会社 YOSCA

〒 150-0002

東京都渋谷区渋谷 2-19-15 宮益坂ビルディング 609

▼ライター向け講座「あなたのライターキャリア講座」

https://yosca.jp/school/career/

▼企業向け研修「ビジネスメール・チャット添削研修」

https://yosca.jp/training/mail_chat/

:-:

編集部 伊藤謙三

TEL:00-123-4567

MAIL:xxxxxx@yosca.co.jp

URL:https://yosca.jp/

:-:

　なお、上記のような署名は、各種メールツールの設定により自動で本文内に挿入できます。

　Gmail の場合は、画面右上にある歯車アイコンをクリックし、「すべての設定を表示」を選択します。次に、「一般」タブをクリックし、下にスクロールすると「署名」のセクションがあります。ここで、「新しい署名を作成」をクリックして署名を作成し、内

容を入力します。

　メールの送信時に自動的に追加されるように設定するには、
「デフォルトの署名」の項目で新しいメールや返信メールに適用
する署名を選択します。最後に、画面下部の「変更を保存」を
クリックして設定を完了します。

　Microsoft Outlook の場合は、画面左上の「ファイル」をクリッ
クし、「オプション」を選択します。「メール」タブをクリックし、
「署名とひな形」を選択します。署名の設定画面が表示されたら、
「新規作成」をクリックし、署名の名前を入力して「OK」をクリッ
クします。

　次に、署名の内容を入力し、フォーマットを整えます。メー
ルの送信時に自動的に署名を追加するには、「既定の署名を選択」
のセクションで、新しいメールや返信メールに適用する署名を
それぞれ選択します。設定が完了したら、「OK」をクリックして
署名設定を保存します。

ビジネスチャットの基礎知識

ビジネスメールとの違い

　ビジネスチャットによるコミュニケーションは、基本的にはメールと変わりません。メールとの大きな違いは、形式的なやりとりを省き、よりシンプルな文面でコミュニケーションが取り交わされる点です。

　まず、コミュニケーションのスピードがメールよりも速いです。ビジネスチャットは即時性が高く、リアルタイムでのやり取りに近いといえるでしょう。一方、ビジネスメールは送信後に相手がメールを確認し、返信するまでに時間がかかることが多いため、タイムラグが発生しやすいです。

　次に、文面における形式とトーンに違いがあります。ビジネスメールは通常、カッチリとした文体で書かれ、挨拶や署名などの形式を守ることが求められます。これに対して、ビジネスチャットはカジュアルなトーンでのやり取りが一般的です。挨拶や署名などの記載は省略されるケースが大半であり、短いメッセージや絵文字の使用なども許容されます。

ビジネスチャットのテキストの構造

　テキストの基本的な構造はビジネスメールと同じですが、先述したとおり、文面における形式やトーンにちょっとした違いがあります。ビジネスメールとは異なる以下の要素について見

ていきましょう。

●チャネル
●メンション
●引用
●スタンプ

株式会社ABC_事務連絡 ← **チャネル**

 伊藤謙三 株式会社ABC

@田中花子 ← **メンション**

お疲れ様です。
メール・チャット研修の詳細についてご存知ですか？
もしご存知でしたら共有をお願いします。

 田中花子 株式会社ABC

@**伊藤謙三**

お疲れ様です。

> メール・チャット研修の詳細について
> ご共有いただけますでしょうか。] **引用**

かしこまりました。下記ご確認くださいませ。

■メール・チャット研修の実施要項
・日時：5/17（金）14:00～17:00
・場所：A会議室（本社 7F）
・講師：山田太郎さん
・持ち物：PC、筆記用具
※開始10分前までにご着席くださいませ。

 ← **スタンプ**

チャネル 🖉

チャネルは、特定のプロジェクトやチームに関連する会話や情報を整理するための仮想的な部屋です。チャネルを利用することで、特定の話題に関連するメンバーのみが会話に参加できるようにし、情報の整理や効率的なコミュニケーションを促進します。

例えば、プロジェクトごとにチャネルを作成することで、プロジェクト関連の情報が一箇所に集約され、必要な情報を迅速に見つけることができます。

チャットツールによっては「グループ」「スレッド」などと名称が変わりますが、基本的な考え方は同じです。

メンション 🖉

メンションは、特定の人物に対して直接通知を送る機能です。メンションを使用することで、重要な情報や質問が特定の人に確実に届き、迅速な対応を促すことができます。通常、メンションは「@」記号の後に相手のユーザー名を入力することで行います。

例えば、「@ 山田さん　この資料を確認してください」という形でメッセージを送ると、山田さんに通知が届き、メッセージの見落としを防ぐことができます。この機能は、特に大人数が参加するチャネルや忙しいメンバーがいる場合に有効です。

チャットツールによっては @ ではなく「To」という記号が使われたりもしますが、どれも機能は同じです。

引用 ✎

引用は、過去のメッセージや特定の情報を再度取り上げるための機能です。引用を使用することで、以前の会話内容や重要な情報を簡単に参照できるため、会話の流れをスムーズに保つことができます。

例えば、「山田さんが先週おっしゃったとおり、〜」という形で引用を使用すると、相手に対して具体的な文脈を示しつつ、必要な情報を再確認できます。引用機能は、特に長いスレッドや複数のトピックが同時進行するチャネルで有効です。

スタンプ ✎

スタンプは、感情や反応を視覚的に伝えるためのアイコンや絵文字です。スタンプを使用することで、文章だけでは伝わりづらいニュアンスや感情を簡単に表現できます。

また、返信には及ばないけどメッセージを見たことを示しておきたい時の手段としても有効です。スタンプを押しても返信の通知は飛ばない仕様のサービスが多いので、相手の時間を取らずに気持ちを伝えられる点でも使い勝手は良いです。

代表的なチャットツール ✐

　代表的なビジネスチャットツールとしては、以下の4つが挙げられます。

- Microsoft Teams
- Slack
- Chatwork
- LINE WORKS

それぞれの特徴を簡単に解説します。

Microsoft Teams

　Microsoft Teams は、Microsoft 365 の一部として提供されているビジネスチャットツールです。Word や Excel、PowerPoint などのファイルを Teams 内で直接編集できるため、ドキュメントの共有や共同作業がスムーズに行えます。

　また、ビデオ会議や音声通話機能も充実しており、リモートワーク環境に適しています。チームごとにチャネルを作成し、プロジェクトごとに話題を整理できます。さらに、カレンダー機能を使って会議のスケジュール管理も簡単に行えます。

Slack

　Slack は、シリコンバレー発のチャットツールとして広く知られています。シンプルで直感的なユーザーインターフェースと

豊富な連携機能が最大の特徴です。Teams と同様、チャネルを
作成してコミュニケーションが行われます。

外部サービスとの連携の例としては、Google Drive や Dropbox
などが挙げられるでしょう。加えて、ボットやアプリを利用し
て独自の機能を追加することもできます。こうしたカスタマイ
ズ性が Slack の強みです。

Chatwork

Chatwork は、日本発のビジネスチャットツールで、シンプル
なデザインと使いやすさが特徴です。Chatwork の主な機能には、
チャット、タスク管理、ファイル共有、ビデオ通話があります。

特にタスク管理機能が充実しており、チャット内でタスクを
簡単に作成・管理することができます。これにより、プロジェ
クトの進捗をスムーズに追跡できるのが利点です。

また、Chatwork は日本語でのサポートが充実しているため、
日本の企業文化に適したツールとして人気があります。

LINE WORKS

LINE WORKS は、LINE のビジネス版として提供されている
チャットツールです。LINE の使い慣れたインターフェースをそ
のままビジネスに活用できるのが魅力です。

LINE WORKSでは、チャット、音声通話、ビデオ通話、スケジュール管理、ファイル共有などの機能が統合されています。特に、LINE を普段から使用しているユーザーにとっては、学習コストが低く、すぐに利用を開始できる点が大きなメリットです。

　また、外部との連携が容易で、取引先や顧客とのコミュニケーションを効率化できます。勤怠管理やアンケート機能も提供されており、日常業務の多くを LINE WORKS 内で完結させられます。

メール・チャットの使い分け

　メールとチャットには、それぞれに違った特徴があります。上手に使い分けることで、業務の効率化を図ることができます。ここでは、ビジネスシーンにおけるメールとチャットの使い分けについて解説します。

　まずはメールについて考えてみましょう。メールは正式なコミュニケーション手段として広く認知されています。そのため、文書としての体裁が求められ、一般的に丁寧で構築された文章が使用されます。

　メールは以下のような状況で適しています。まず、**公式な通知や報告書、契約に関する文書など、記録として残しておくべき内容の場合です。**メールは、送信日時や内容が明確に残るため、後から参照する際に役立ちます。

　また、**長文で詳細な説明が必要な場合にも、メールが適しています。**例えば、プロジェクトの進行状況を詳細に報告する際や、提案書を送付する際には、メールを使用することで、受信者が内容をじっくりと確認できる利点があります。

　一方、**チャットは迅速なコミュニケーションが求められる場面で活躍します。**チャットはリアルタイムでのやり取りが可能であり、迅速な対応が求められる質問や確認事項に適しています。

043

例えば、プロジェクトの進行中に発生した小さな疑問点や、ちょっとした確認事項をすばやく解決するためには、チャットが最適です。また、チャットはカジュアルなコミュニケーションにも適しており、チームメンバー間の親睦を深める手段としても活用できます。チーム内の連絡や日常的な業務のやり取りには、チャットを活用することで、コミュニケーションのスピードが格段に向上します。

参考）各コミュニケーションの特性

	対話形式	スピード	情報量	手軽さ	ログの確認
対面での会話	同期	◎	◎	△	×
電話	同期	◎	○	○	×
ビデオミーティング	同期	○	◎	△	△
メール	非同期	△	○	○	◎
チャット	非同期	○	△	◎	○

第四章
メール・チャットの書き方 15箇条

　ここからは、理想的なメール・チャットの書き方について考えていきます。まずは前提として、メール・チャットにおけるストレスの要因について確認してみましょう。

　弊社で行ったアンケート調査では、ビジネスメール・チャットに関連するさまざまなストレスが浮き彫りになりました。

どのようなメール・チャットにストレスを感じますか？
（n=400、複数回答可）

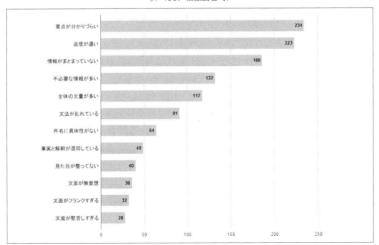

「要点がわかりづらい」「返信が遅い」といったストレスを感じたことがある方は多いのではないでしょうか。どの項目も非常によくある事象でありながら、それらが生じる原因や、具体的な解決策については言語化がされていないように思えます。

第四章では、**これらのストレスを生じさせないための15のルールをご紹介します。**部下を指導する際の参考にしていただければと思います。

その1.　書く前に用件を整理する
その2.　用件がひと目で分かる件名にする
その3.　「目的→結論→補足情報」の順で書く
その4.　一文の長さは60文字以内におさめる
その5.　箇条書きで見た目を整える
その6.　見出しを使って内容を区切る
その7.　改行や空白行で適度な余白を作る
その8.　「相手にしてほしいこと」を明記する
その9.　事実と解釈をはっきりと分ける
その10.　可能な限り具体的に書く
その11.　相手のメッセージを引用しながら返信する
その12.　メッセージの往復を減らす工夫をする
その13.　できる限り素早く返信する
その14.　気持ちや感情をテキストで表現する
その15.　送信前に必ず見直しをする

その1. 書く前に用件を整理する

メール・チャットを書く際、いきなりキーボードに手を伸ばしてメッセージを作り始めるのはNGです。いきなり書き始めると内容がまとまりづらく、伝わりづらい内容になってしまいます。

ビジネスコミュニケーションでは、簡潔で明確なメッセージが求められます。したがって、書く前にしっかりと準備を行うことが非常に重要です。

弊社で行ったアンケート調査によると、**約7割の人が「焦ってメール・チャットを送信して失敗することがある」**と回答しています。

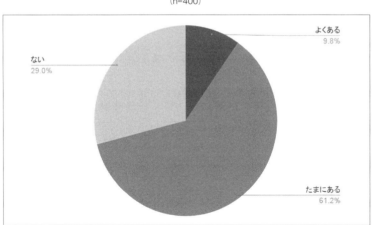

焦ってメール・チャットを送信して失敗することはありますか？
(n=400)

よくある 9.8%
ない 29.0%
たまにある 61.2%

メールやチャットの内容が分かりづらくなってしまう原因は、**ほとんどが準備不足です。**書き始める前に十分な準備をせず、即興で文章を作成すると、内容が散漫になり、重要な情報が伝わらないことがよくあります。

　メールやチャットを書く前に、用件を整理する癖をつけましょう。ここでは用件を**「目的」「結論」「補足情報」**の３つに分けて整理します。

　それでは、会議の日時変更に関するメールを例に挙げて考えてみます。６月の定例会議の日時変更を伝えるためのメッセージを作るべく、用件を整理してみたいと思います。

　まずは目的の整理です。**目的とは、メッセージの全体像を要約して一言で表したものです。**「何のためのメッセージか」という点を簡潔にまとめましょう。

　目的：
　・６月の定例会議の日時変更に関するご報告

　続いては結論の整理です。**結論は最も伝えたいことであり、メッセージの中心となる部分です。**要点を短く端的にまとめてみましょう。

> 結論：
>
> ・定例会議の日時を 6/10（金）から 6/15（水）に変更する

　最後に補足情報の整理です。**補足情報は、結論を支える理由や背景情報、関連する追加情報などを意味します。**必要最低限の情報だけを書き出しましょう。

> 補足情報：
>
> ・6/10（金）は主要メンバーに急遽出張が入ったため日程変更が必要
> ・全員が参加可能な 6/15（水）に変更する予定である
> ・改めてスケジュールを確認していただきたい

　こうして、送信したいメッセージの「目的」「結論」「補足情報」は、次のように整理できました。

目的
・6月の定例会議の日時変更に関するご報告

結論
・定例会議の日時を 6/10（金）から 6/15（水）に変更する

補足情報
・6/10（金）は主要メンバーに急遽出張が入ったため日程変更が必要
・全員が参加可能な 6/15（水）に変更する予定である
・改めてスケジュールをご確認いただきたい
・もし参加が難しい場合は、代替日時の候補を連絡してほしい

　以上のように、**目的、結論、補足情報の3つを整理することで、メールやチャットの内容が明確になり、受け手にとって理解しやすいメッセージを作成することができます。**特にビジネスの現場では、時間が限られているため、無駄のない効率的なコミュニケーションが求められます。だからこそ、書く前の準備が肝心なのです。

　こうして整理した箇条書きの情報を、弊社では「文章構成」と呼んでいます。メールやチャットに限らず、何らかのテキス

トを作成する場合は、文章構成を作成しながら中身を整理する
とよいでしょう。

　文章構成を作成する際は、PC のメモ帳などに書き出してもい
いですし、慣れてくれば頭の中に思い浮かべるだけでも構いま
せん。整理する癖がまだついていない場合は、実際に書き出す
ことをおすすめします。

その2. 用件がひと目で分かる件名にする

　メールの件名は、受け取った相手が最初に目にする文章です。スピードが重視される昨今のビジネスにおいては、**件名を読むだけでメールの用件が端的に伝わるよう工夫する必要があります。**

　件名には、「目的」「結論」「補足情報」のうちの「目的」の部分を反映させましょう。メッセージの全体像を要約した一文を件名に入力し、相手に直感的な理解を促します。

　そして、**件名は15〜20文字程度で簡潔にまとめることが基本です。**たくさんの情報を盛り込めば具体性は増しますが、要点がぼやけてしまうので直感的な理解はしづらくなります。適切な長さで、具体的な内容を伝えることが求められます。「長すぎず短すぎず」を心がけましょう。

　加えて、**件名には具体的なキーワードを含めることも重要です。**こうすることで、受け手がメールの内容を一目で理解しやすくなります。例えば、「会議の日程変更のお知らせ」であれば、「会議」「日程変更」「お知らせ」というキーワードが含まれており、受け手にとって重要な情報がすぐに伝わります。

　それでは、具体例を見ていきましょう。まずはこちらのNG例をご覧ください。

NG 例）

定例会議の日時について

　件名が抽象的すぎて詳細な内容がイメージできません。このように修正してみました。

書き換え例）

6 月の定例会議の日時変更に関するご報告

　具体的な情報が記載され、定例会議の日時変更に関する報告であることが一目で分かるようになりました。文字数は 19 文字であり、長さも適切です。

　参考として、隅付き括弧（【】）を使ったテクニックもご紹介します。件名の頭に「【緊急】」「【要返信】」などの情報を加えることで、重要なキーワードを強調し、より直感的に理解してもらいやすくなります。

> 例）
> **【重要】6月の定例会議の日時変更に関するご報告**

　なお、ここまではメールを前提に説明してきましたが、これらの考え方はチャットでも有効です。チャットに件名はありませんが、同様の一文をメッセージの冒頭に添えることで、より相手に伝わりやすくなるでしょう。

> 例）
> **お疲れ様です。6月の定例会議の日時変更に関するご報告です。**

　メールの件名に工夫を凝らすことは、効率的なビジネスコミュニケーションを行う上で非常に大切です。読み手の立場に立ち、配慮や感謝の気持ちを込めた件名を作成するよう心がけましょう。

その3.「目的→結論→補足情報」の順で書く

　メールやチャットの本文は、事前に整理した目的・結論・補足情報を使って組み立てます。**本文を組み立てる際は、「目的→結論→補足情報」の順で書くよう心がけましょう。**

　それでは、「その1.書く前に用件を整理する」で作成した以下の文章構成をもとに、メッセージを作ってみたいと思います。

　目的：
- 6月の定例会議の日時変更に関するご報告

　結論：
- 定例会議の日時を 6/10（金）から 6/15（水）に変更する

　補足情報：
- 6/10（金）は主要メンバーが出張中のため日程変更が必要
- 全員が参加可能な 6/15（水）に変更する予定である
- 改めてスケジュールをご確認いただきたい
- もし参加が難しい場合は連絡してほしい

こちらを「目的→結論→補足情報」の順で文章化したものが、次のメッセージです。

お疲れ様です。○○です。
6月の定例会議の日時変更に関するご報告です。

6/10（金）開催予定の定例会議は、開催日を6/15（水）に変更する予定です。
6/10（金）は主要メンバーが出張中のため、全員が参加可能な6/15（水）に変更することが望ましいと判断しました。

改めてスケジュールをご確認いただき、もし参加が難しい場合はご連絡いただけますと幸いです。

「目的→結論→補足情報」の順で書くことで、要点が明確になっています。理想的なビジネスメッセージであると言えるでしょう。

　一般的には「結論から書く」というレクチャーが多くなされることと思います。これも決して誤りではありませんが、コミュニケーションをより効率的に進めるためには、最初に目的を書くべきです。**結論よりも先に目的を伝えることで、文章の全体像を直感的にイメージしやすくなります。**

読みづらいメッセージの多くは、往々にしてこの順番が意識されていません。よくあるのが、目的や結論を最後に書いてしまうパターンです。次の文章をご覧ください。

　NG 例）
　お疲れ様です。○○です。

　6/10（金）に定例会議を行う予定ですが、この日は主要メンバーが出張をしています。
　定例会議には主要メンバー含め全員が参加するのが望ましいと考えます。

　6/15（水）のスケジュールをご確認ください。
　6月の定例会議の日程を 6/15（水）に変更する予定です。

　もし参加が難しい場合はご連絡いただけますと幸いです。

　最後まで読めばメッセージの意図は理解できますが、正しく理解するためにはどうしても時間がかかってしまいます。

　ちなみに、こちらの NG 例は起承転結の流れで書かれており、要点（オチ）が最後に配置される構造になっています。起承転結は物語などのストーリーには適していますが、ビジネスコミュ

ニケーションには不向きです。

　また、読みづらいメッセージとしてもう一つ挙げられるのが、結論しか書かれていないパターンです。

NG 例)
お疲れ様です。○○です。

定例会議は 6/15（水）になりました。
ご確認くださいませ。

　内容が唐突すぎるうえに、背景情報が一切書かれていません。受け取った側は自分の解釈に自信が持てず、不安になってしまうでしょう。

　このように、情報を並べる順番はメール・チャットの分かりやすさや伝わりやすさを大きく左右します。**「目的→結論→補足情報」という順番は徹底するようにしましょう。**

その4. 一文の長さは60文字以内におさめる

　文章の読みやすさを決める大きな要因の一つに「一文の長さ」があります。特にビジネスメールやチャットにおいては、その重要性が一層際立ちます。

　一般的に、一文の長さは60文字以内が理想とされています。これは、読み手が一度に把握できる情報の量を考慮したもので、長すぎる一文は読み手にとって負担となりがちです。読みづらいメールやチャットの多くは、一文がとにかく長く、情報が詰め込まれ過ぎている傾向にあります。

NG例）
お疲れ様です。○○です。

6月の定例会議について、6/10（金）開催予定の定例会議は開催日を6/15（水）に変更する予定でして、6/10（金）は主要メンバーが出張中のため、全員が参加可能な6/15（水）に変更することが望ましいと判断しましたので、改めてスケジュールをご確認いただき、もし参加が難しい場合はご連絡いただけますと幸いです。

こちらの NG 例を見てみましょう。「お疲れ様です。○○です。」以降の内容は一つの文のみで構成されており、その長さは約 140 文字です。

　こちらの文章は「目的→結論→補足情報」の順で書かれており、伝えたい情報も過不足なく網羅できています。しかし、一文が長すぎるがゆえに情報の切れ目が不明瞭であり、非常に読みづらいです。

　この点を改善するために意識すべき考え方として「一文一義（いちぶんいちぎ）」があります。**一文一義とは「一つの文章に一つの事柄だけを入れる」という考え方**を表す言葉であり、文章作成の鉄則とも言えます。この考え方を取り入れることで、文章は自然と分かりやすく、読みやすくなります。

　先ほどの NG 例は、一文の中に複数のトピックが詰め込まれている状態にありました。一文一義を意識してトピックごとに文を区切り、それぞれの文の長さを 60 文字以内に調整してみたいと思います。

書き換え例）

お疲れ様です。○○です。
6月の定例会議の日時変更に関するご報告です。

6/10（金）開催予定の定例会議は、開催日を6/15（水）に変更する予定です。
6/10（金）は主要メンバーが出張中のため、全員が参加可能な6/15（水）に変更することが望ましいと判断しました。

改めてスケジュールをご確認いただき、もし参加が難しい場合はご連絡いただけますと幸いです。

　一文一義のルールにのっとり、一文の長さを短くしたことで、読みやすさが格段に向上しました。同じ内容でも、工夫次第でここまで読みやすくなるのです。

　「文章が上手い」とされる人たちは、例外なくこの一文一義を意識して文章を書いています。たとえ「一文一義」という具体的な言葉を知らなかったとしても、日常的に一文の長さを意識し、一つの文に複数の事柄を詰め込まないようにしているはずです。

　一文一義は文章の基礎であり、非常に重要な考え方です。どのような文章を書くにしても必ず意識するようにしましょう。

その5. 箇条書きで見た目を整える

メール・チャットを書く際、内容はもちろんのこと、文章全体の見た目（視認性）にもこだわる必要があります。**細々とした情報を伝えたい場合は、箇条書きを使うとよいでしょう。**

箇条書きを使うことで、情報が視覚的に整理され、内容を一目で把握しやすくなります。また、余白が増えることで文章全体がスッキリと見え、圧迫感が軽減されます。加えて、箇条書きの場合は接続詞などの表現を省略できるため、全体の文字量が減り、より簡潔な文章になります。

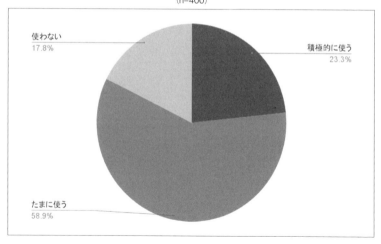

メール・チャットを書く際、
視認性を高めるために箇条書きを使いますか？
(n=400)

- 積極的に使う　23.3%
- たまに使う　58.9%
- 使わない　17.8%

弊社で行ったアンケート調査では、多くの人が箇条書きを用いてメール・チャットを作成していることが明らかになりました。箇条書きは多くの人が活用する一般的な表現技法であると考えて問題ないでしょう。

　それでは、こちらの NG 例を見てみましょう。必要十分な情報が記載されているものの、視覚的にあまり整理されていないように感じます。

　NG 例）
お疲れ様です。○○です。
６月の定例会議の議題を共有します。

今回の議題は、プロジェクトの進捗報告と、次の四半期の目標設定、新しいメンバーの紹介、そして今後のスケジュール確認となっています。

ご確認の程、よろしくお願いいたします。

　それでは、箇条書きを使って見た目を整えてみましょう。このようになりました。

書き換え例）
お疲れ様です。○○です。
6月の定例会議の議題を共有します。
今回の議題は以下のとおりです。

・プロジェクトの進捗報告
・次の四半期の目標設定
・新しいメンバーの紹介
・今後のスケジュール確認

ご確認のほどよろしくお願いいたします。

　適度な余白が生まれ、内容を直感的に理解できるようになりました。

　Gmail や Slack などには箇条書き機能が搭載されていますので、そちらを活用して情報を整理しましょう。箇条書きの機能がない場合は、「・」や「■」などの記号を使うことをおすすめします。

その6. 見出しを使って内容を区切る

複数の用件を一度に伝えたい場合は、見出しを活用しましょう。見出しを使うことで各用件が独立して見えるようになり、情報の整理が容易になります。また、箇条書きと同様に、適度な空白が生まれて視認性が高くなります。長文のメッセージを作成する場合にも有効でしょう。

弊社で行ったアンケート調査によると、比較的多くの人が見出しを用いてメール・チャットを作成していることが分かりました。箇条書きほどメジャーなテクニックではないものの、一定数の人は積極的に活用しているようです。

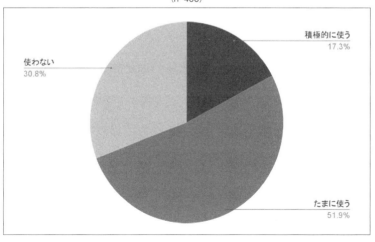

メール・チャットを書く際、
視認性を高めるために見出しを使いますか？
(n=400)

まずは、こちらの NG 例をご覧ください。複数の用件を伝える
ためのメッセージですが、内容の切れ目が分かりづらく、すべ
てを理解するのに時間がかかってしまいます。

NG 例）

お疲れ様です。○○です。

今週の重要事項についてご連絡します。

来月から新しいプロジェクトを開始します。

プロジェクト名は「ABC プロジェクト」です。

開始日は 7/1（月）、チームメンバーは田中、佐藤、鈴木
です。

詳細については別途ミーティングで説明します。

続いて、システムメンテナンスのお知らせです。

今週末にシステムメンテナンスを行います。

日時は 6/18（土）の 20:00 〜 24:00 で、影響範囲は全社
のメールシステムおよびイントラネットです。

メンテナンス中はサービスが一時的に停止しますので、
ご注意ください。

共有は以上です。

ご不明点がありましたらご連絡ください。

　このようなケースでは、見出しを使って内容を区切ってみま
しょう。ここでは「【】」を使って見出しを挿入します。

書き換え例）

お疲れ様です。○○です。

今週の重要事項についてご連絡します。

共有事項は以下の2点です。

———

【1】新しいプロジェクトの開始

来月から新しいプロジェクトを開始します。

・プロジェクト名：ABC プロジェクト

・開始日：7/1（月）

・チームメンバー：田中、佐藤、鈴木

詳細については別途ミーティングで説明します。

【2】システムメンテナンスのお知らせ

今週末にシステムメンテナンスを行います。

・日時：6/18（土）20:00 〜 24:00

・影響範囲：全社のメールシステムおよびイントラネット

メンテナンス中はサービスが一時的に停止しますので、ご注意ください。

———

共有は以上です。ご不明点がありましたらご連絡ください。

書き換え例では、メッセージの冒頭で「共有事項が2点ある」と伝えたうえで、「【】」の中に数字を入れるかたちで見出しを設けました。共有事項は「新しいプロジェクトの開始」「システムメンテナンスのお知らせ」の2点であることが直感的に理解できる、理想的な状態です。細かな情報を箇条書きで整理したこともあり、全体的に見た目がすっきりしました。

　私は研修講師のほか、編集者としても活動しているため、多くのプロライターの方々と仕事をしています。そして、この見出しというものは、プロライターの世界でも非常に重要な役割を担っています。記事制作においては、見出しを見ただけで記事の全体像が把握できる状態が理想とされています。

　これは、メール・チャットを含むすべてのビジネス文書にも同じことが言えます。**複数の用件を盛り込んだ長い文章を作成する際は、見出しを見ただけで大まかな内容が直感的に理解できる状態を目指しましょう。**

Column 1

チャットに関するルールは設けられている？

　皆様がお勤めの会社では、チャットによるコミュニケーションについて、何らかのルールは設けられていますか？ルールの例としては、以下のようなものが挙げられます。
- メンション（@ や To など）を必ずつける
- スタンプや絵文字のみの一次返信を可とする
- 「お世話になっております」等の挨拶は省略する　など

　弊社で行ったアンケート調査では、チャットついて約 7 割の人が「社内ルールはない」と回答していました。

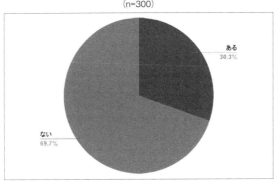

現在の勤め先では、チャットに関する社内ルールはありますか？
(n=300)

　このデータは私の感覚とも一致しており、チャット運用について何かしらのルールを設けている会社は少ないように思えます。加えて、ルール・ポリシーとしてそれらの情報をマニュアル化している会社はさらに少ないであろうと予想されます。

　チャットの長所は、その手軽さ・カジュアルさにあります。しかしながら、どこまで文面をカジュアルにしていいのか、という点は判断が難しいのも事実です。会社側がルールやポリシーを整備して、「カジュアルさ」の基準を設けてあげられるといいですね。

その7. 改行や空白行で適度な余白を作る

　改行や空白行をうまく使用すると、メール・チャットの本文はよりいっそう見た目が整います。文章に適度な余白が生まれ、情報をひと目で把握しやすくなります。

　弊社で行ったアンケート調査では、**6割以上の人が「改行や空白行を積極的に多用している」**と回答していました。

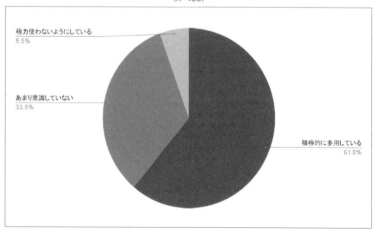

メール・チャットを書く際、
視認性を高めるために改行や空白行を多用しますか？
(n=400)

- 極力使わないようにしている 5.5%
- あまり意識していない 33.5%
- 積極的に多用している 61.0%

同時に、メッセージを読む側としても、約7割の人は改行や空白行が多く使われたメール・チャットを肯定的に捉えていました。

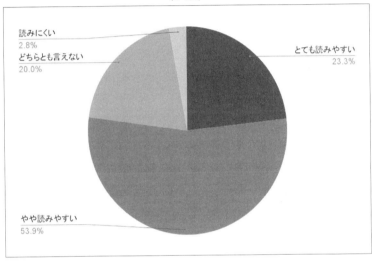

　一般的なライティングでは3〜4行に一回のペースで改行を入れますが、**メールやチャットの場合は1〜2行ごとのこまめな改行が望ましいです。**1行ごとに改行を入れても問題ありません。加えて、内容の切れ目で空白行を入れることで、文章全体がスッキリと見えます。

　以下のNG例と書き換え例を見比べてみましょう。

NG 例)

お疲れ様です。○○です。6 月の定例会議の日時変更に関するご報告です。

6/10（金）開催予定の定例会議は、開催日を 6/15（水）に変更する予定です。

6/10（金）は主要メンバーが出張中のため、全員が参加可能な 6/15（水）に変更することが望ましいと判断しました。

改めてスケジュールをご確認いただき、もし参加が難しい場合はご連絡いただけますと幸いです。

　情報はしっかりとまとまっているのですが、余白が少ないために若干の読みづらさを覚えます。右記のように修正してみました。

書き換え例）

お疲れ様です。◯◯です。
6月の定例会議の日時変更に関するご報告です。

6/10（金）開催予定の定例会議は、
開催日を6/15（水）に変更する予定です。

6/10（金）は主要メンバーが出張中のため、
全員が参加可能な6/15（水）に変更することが
望ましいと判断しました。

改めてスケジュールをご確認いただき、
もし参加が難しい場合はご連絡いただけますと幸いです。

　改行と空白行によって適度な余白が生まれ、本文全体の構造
が直感的に把握できるようになりました。

その8.「相手にしてほしいこと」を明記する

ビジネスコミュニケーションでは、目的や結論を伝えるのと同じく、「相手にしてほしいこと」を明記するのも非常に大切です。「で、私は何をすればいいの？」と困ってしまう内容だった場合、読む側には大きなストレスを生じさせてしまいます。

弊社のアンケート調査では、約8割の人が「何を求められているのかが分からないメッセージを受け取って困惑した経験がある」と回答していました。

メール・チャットを読んで「で、私は何をすればいいの？」と
困ってしまうことはありますか？
(n=400)

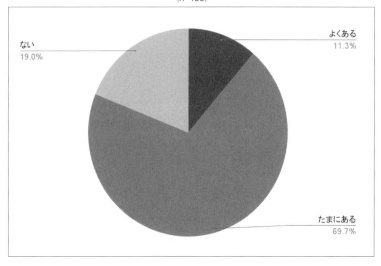

こちらの NG 例をご覧ください。トラブルが発生した旨を上司に報告するためのメッセージです。

　NG 例）
お疲れ様です。○○です。
トラブル発生のご報告です。

私が担当する A 案件にて、
お客様からクレームを頂戴しました。
クレーム発生の原因は、見積書の送付漏れです。

よろしくお願いいたします。

　「トラブル発生の報告」が目的であることは理解できましたが、「相手にしてほしいこと」が書かれていません。受け取った上司は解釈に迷ってしまうことでしょう。ただ読むだけでいいのか、アドバイスや手助けが欲しいのか、それともトラブル処理をしてほしいのか、など。

　緊急性が高そうなメッセージですので、上司としても放置はできません。このあと上司は「つまりはどういうこと？」と返信することになるでしょう。メッセージの往復が増え、受け取った側に手間とストレスが発生しています。

以下のように書き換えてみました。

書き換え例）
お疲れ様です。○○です。
トラブル発生のご報告とサポートのお願いです。

私が担当する A 案件にて、
お客様からクレームを頂戴しました。
クレーム発生の原因は、見積書の送付漏れです。

これより大至急で見積書を作成いたします。
お手数ですが、金額の最終確認だけお願いできますで
しょうか。

よろしくお願いいたします。

　冒頭で「トラブル発生のご報告とサポートのお願い」と書いたうえで、見積書の金額の最終確認だけお願いしたい、という旨を明記しています。**「相手にしてほしいこと」が明記されていますので、受け取った側は迷わず以降の判断を下すことができます。**

その9. 事実と解釈をはっきりと分ける

　事実と解釈をはっきりと分けることは、ビジネスコミュニケーションにおける基本です。事実とは客観的に確認できる情報のことであり、解釈とはそれに対する個人の見解や意見です。この2つが混同していると、メッセージを読む側に混乱を与え、正確な理解を妨げます。

　こちらのNG例を見てみましょう。客観的に確認できる情報と、個人の見解や意見が混同しています。

NG例）

お疲れ様です。○○です。
トラブル発生のご報告とサポートのお願いです。

私が担当するA案件にて、
お客様からクレームを頂戴しました。
見積書の不備に対するご指摘だと思います。

これより大至急で見積書を作り直します。
お手数ですが、金額の最終確認だけお願いできますでしょうか。

よろしくお願いいたします。

「お客様からクレームを頂戴した」という情報は紛れもない事実です。一方で、「見積書の不備が原因だと思う」という情報はどう受け取ればいいのでしょうか。メールなどにそう明記されていたのなら「事実」ですし、その他の情報から部下が推測したのであれば「解釈」です。このメッセージを読むだけでは事実か解釈かが分からないため、その後の判断がしづらくなっています。

　おそらく上司は「お客様がそう言っていたのか？それともあなた個人の見解か？」と確認せざるを得ないでしょう。メッセージを受け取った上司にストレスが発生しているのは言うまでもありません。

　以下のように書き換えてみました。

書き換え例）

お疲れ様です。○○です。
トラブル発生のご報告とサポートのお願いです。

私が担当するA案件にて、お客様からクレームを頂戴しました。
詳細は確認中ですが、見積書の不備に対するご指摘だと推測されます。
引き続き確認を進め、詳細が判明し次第追ってご報告します。

仮に見積書の不備が原因だった場合は、大至急で見積書を作り直します。
その際はお手数ですが、金額の最終確認だけお願いできますでしょうか。

よろしくお願いいたします。

　クレームの詳細は不明であることを述べたうえで、「見積書の不備に対するご指摘」という情報は部下の推測、つまりは解釈であることを明記しています。**事実と解釈を切り分けていることが文面から伝わりますので、上司としてもストレスなく読み通せるでしょう。**

その10. 可能な限り具体的に書く

　対面でのコミュニケーションとは異なり、テキストコミュニケーションではすれ違いや誤解が生じやすいです。メール・チャットで情報を伝達する際は、可能な限り具体的に書くことが重要です。

　こちらの例をご覧ください。抽象的な情報が多く、受け取った側はメッセージの中身を正しく把握できません。

　NG例)

お疲れ様です。○○です。
6月の定例会議に関するご連絡です。

開催日時が次の週に変更になりましたので、ご注意ください。
もし参加が難しい場合は、早めにご連絡いただけると助かります。

なお、会議には資料をご持参の上ご参加くださいませ。
よろしくお願いいたします。

　受け取った側の頭の中には「次の週とは？」「早めとは？」「資

料とは？」など、様々な疑問が浮かびます。対面でのコミュニケーションではその場ですぐに聞き返せばいいのですが、テキストコミュニケーションの場合はその都度メッセージを書かなければならないので、かなりの負担が生じます。

　以下のように書き直してみました。

　書き換え例）
お疲れ様です。○○です。
６月の定例会議に関するご連絡です。

6/10（金）の定例会議は、
１週間後の 6/17（金）開催に変更になりました。
もし参加が難しい場合は、6/13（月）までにご連絡いただけると助かります。

なお、会議には A 案件の資料を持参の上ご参加くださいませ。
よろしくお願いいたします。

　テキストコミュニケーションにおいては「やりすぎなほど丁寧に書く」くらいの心持ちが大切です。特に日付などの数字の情報は必ず明記するようにしましょう。

その11. 相手のメッセージを引用しながら返信する

メール・チャットで返信をする際は、必要に応じて引用を活用しましょう。特に複数のトピックについて質問されたときなどは、引用を使うことで相手が理解しやすくなります。

弊社のアンケート調査では、引用について以下のようなデータが得られました。「積極的に引用している」と回答した人は18%とやや少なめでしたが、「たまに引用している」という回答と合わせると、その割合は全体の8割ほどありました。**引用を使った返信は、多くの人が使う一般的なテクニックであると考えて問題ないでしょう。**

メール・チャットで返信をする際、相手のメッセージを引用しますか？
(n=400)

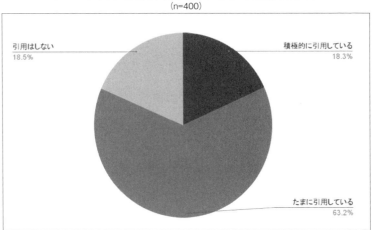

例えば、相手から以下のようなメッセージが来ていたとしましょう。

　お疲れ様です。○○です。
　いくつか質問があります。

　新しいプロジェクトが発足するとのことですが、
　開始日はいつになりますか？

　別件で、6月の定例会議の議題は決まっていますでしょうか？

　併せて、7月の定例会議の日時をご共有いただきたいです。

　こちらのメッセージに対して、どのように返信すればよいでしょうか。まずはこちらのNG例をご覧ください。

NG 例）

お疲れ様です。○○です。

ご質問に回答します。

新プロジェクト「ABC プロジェクト」は 7/1（月）に始
動します。6 月の定例会議の議題は以下のとおりです。

・プロジェクトの進捗報告

・次のフェーズの計画

・チームメンバーの役割分担

7 月の定例会議は 7/15（月）に行われます。

よろしくお願いします。

　内容に不備はありませんが、情報の切れ目が分かりづらく、
どれがどの質問の回答なのかが直感的に理解しづらい状態にあ
ります。

　このように修正してみました。

書き換え例）

お疲れ様です。○○です。
ご質問に回答します。

> 新しいプロジェクトが発足するとのことですが、開始
日はいつになりますか？
新プロジェクト「ABC プロジェクト」は 7/1（月）に始
動します。

>6 月の定例会議の議題は決まっていますでしょうか？
6 月の定例会議の議題は以下のとおりです。
・プロジェクトの進捗報告
・次のフェーズの計画
・チームメンバーの役割分担

>7 月の定例会議の日時をご共有いただきたいです。
7 月の定例会議は 7/15（月）に行われます。
よろしくお願いします。

　相手の質問を引用しつつ、それに回答するかたちで本文を入
力しています。引用箇所の文頭に「>」の記号を付け、引用で
ある旨をアピールしています。相手のメッセージを見出しの代
わりに使うようなイメージです。引用を用いて返信することで、

情報の切れ目が分かりやすくなりました。

　チャットの場合は、引用機能を使いましょう。SlackやTeamsの場合は、引用したい箇所をコピペし、文頭に「>」を入力すると、引用として表示されます。ChatWorkの場合は、相手のメッセージの一部をドラッグしたうえで「引用」を選択すると、本文内に引用として表示されます。

　ただし、引用返信にはある程度の節度が必要かもしれません。弊社のアンケート調査では、引用返信を受け取った側の印象として、以下のようなデータが得られました。

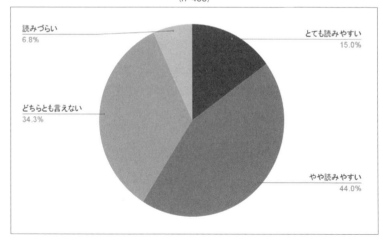

メッセージを引用しながら書かれたメール・チャットは
読みやすいと思いますか？
(n=400)

「どちらとも言えない」と答えた人は34%、「読みづらい」と答えた人を合わせると、ネガティブな回答をした人の割合は4割以上になります。引用を使えば必ず読みやすくなる、というわけではないのかもしれません。

　引用が多くなりすぎると文面が長くなり、結果として読むのに負担がかかります。必要な部分だけを引用し、過度な引用を避けるようにしましょう。

その 12. メッセージの往復を減らす工夫をする

メール・チャットにおいて、メッセージの往復を減らす工夫はとても重要です。 往復が減れば、お互いのストレスも軽減され、効率的にコミュニケーションを進められるでしょう。

なお、弊社のアンケート調査では、メッセージの往復を減らす工夫をしている人の割合は半数以下であることが分かりました。

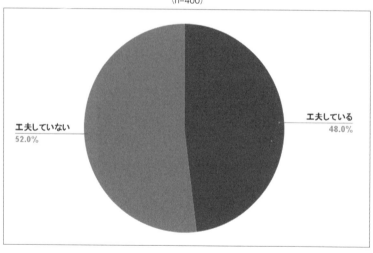

メール・チャットを送る際、
やりとりの往復が少なくなるよう工夫していますか？
(n=400)

より多くの人がメッセージの往復を減らす工夫をすれば、メール・チャットはさらに効率的なコミュニケーション手段になることでしょう。

　さて、相手の回答に先回りして往復を減らす工夫の例として挙げられるのが、スケジュール調整のシーンです。まずはこちらの NG 例をご覧ください。

NG 例)

お疲れ様です。○○です。
次回のミーティングの日程を決めましょう。

6/15（水）の 15:00 ～は空いていますか？
ご確認くださいませ。

　提示した日時が空いていなかった場合、改めて日程調整が必要になります。以降も同じような往復が何度も続くことが予想されます。

　次のように書き換えてみました。いくつか候補日を提示したうえで、候補日の中にも空きが無かった場合の対応についても言及されています。

書き換え例)

お疲れ様です。○○です。

次回のミーティングの日程を決めましょう。

以下の候補日からご都合のよい日時をお知らせください。

・6/15（水）15:00 〜
・6/17（金）15:00 〜
・6/20（月）15:00 〜
・6/21（火）15:00 〜

もし上記の候補日がすべて難しい場合は、お手数ですが6月中でご都合のよい日時をお知らせいただけますと幸いです。

よろしくお願いいたします。

　このように、様々な回答パターンを想定して先回りすることで、メッセージの往復を少なくできます。返信がしやすいメッセージになっていますので、受け取った相手もストレスなく回答をしてくれることでしょう。

　また、メッセージの往復を減らす工夫の一つとして、「返信は不要です」という旨を伝える方法もあります。このフレーズは、

特に通知や一方的な連絡事項の場合に有効です。例えば、会議の日程変更や簡単な業務連絡、確認不要の報告事項など、受け手が特に応答する必要がない場合に使用します。

例）
お疲れ様です。○○です。
6月の定例会議に関するリマインドです。

6/17（金）14時より、定例会議を行います。
場所はA会議室です。
会議にはA案件の資料をご持参の上ご参加くださいませ。

よろしくお願いいたします。
（ご返信は不要です）

　より丁寧な言い回しをしたい場合は、「ご返信には及びません」などでもよいでしょう。

　ちなみにこのテクニックは、チャットでのコミュニケーションにも応用できます。「返信の代わりにスタンプを使用してください」という旨を加えることで、やりとりの往復を省略できます。

例）

お疲れ様です。○○です。

6月の定例会議に関するリマインドです。

6/17（金）14時より、定例会議を行います。

場所はA会議室です。

会議にはA案件の資料をご持参の上ご参加くださいませ。

よろしくお願いいたします。

（リアクションはスタンプのみで結構です）

　こうしたスタンプによる意思疎通は、ビジネスチャットならではの文化であると言えます。コミュニケーションの効率化を図るべく、積極的に使っていきましょう。ただし、企業によってはビジネスチャットのルールを用意しているため事前に確認はしておきましょう。

その 13. できる限り素早く返信する

　ビジネスの世界ではスピード感が大切です。届いたメッセージに対して迅速に返信することでコミュニケーションの効率が向上し、仕事の進行がスムーズになります。

　弊社のアンケート調査によると、**9割以上の人がメール・チャットの返信スピードを意識していることが分かりました。**

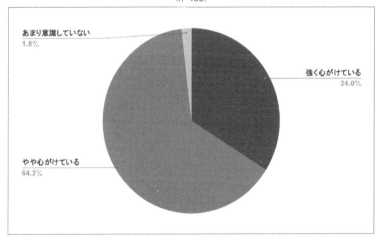

メール・チャットのやりとりで、
できる限り素早く返信するよう心がけていますか？
(n=400)

あまり意識していない 1.8%
強く心がけている 34.0%
やや心がけている 64.2%

　また、メール・チャットを確認してから返信するまでの時間について質問したところ、最も多い回答は「3時間以内」でした。

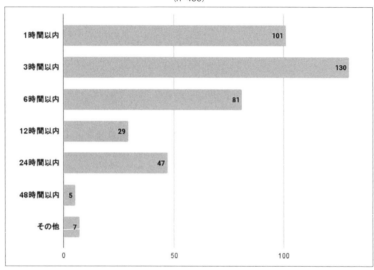

メール・チャットの返信は何時間以内に
送るのがマナーだと思いますか？
(n=400)

それでは、素早い返信・リアクションについて、具体例とともに考えてみましょう。相手から以下のようなメッセージが来ていたとします。

> お疲れ様です。○○です。
> ABC プロジェクトについて質問です。
>
> 当プロジェクトの予算はすでに確定しておりますでしょうか？
> ご確認のほど、よろしくお願いいたします。

スピードを意識した場合、どのような返信が望ましいでしょうか。まずは NG 例からご覧ください。

NG 例）

お疲れ様です。○○です。
担当者に確認し、回答が得られましたので共有します。

ABC プロジェクトの予算は確定済で、○○万円となっています。
よろしくお願いいたします。

決して悪くはありませんが、スピードを意識する場合はもうひと工夫できそうです。今回のケースでは、メッセージを受け取ってから返信するまでの間に「担当者に確認する」という作業が挟まっています。この確認作業の前に返信することも可能だったはずです。

この返信では、担当者の確認作業が終わるまでの間、相手を待たせてしまいます。事情を知らない相手は、なかなか返答がないことにイライラしてしまうかもしれません。

それでは、書き換え例を見てみましょう。

書き換え例）

お疲れ様です。○○です。

ご質問内容、把握しました。

これより担当者に確認しますので、少々お待ちください
ませ。

本日中には回答が得られると思われます。

確認が取れ次第追ってご連絡します。

〜〜数時間後〜〜

お待たせしております。○○です。

担当者から回答が得られましたので共有します。

ABC プロジェクトの予算は確定済で、○○万円となって
います。

よろしくお願いいたします。

　すぐに回答ができない場合でも、まずは「メッセージを受け
取った」という意思表示をします。担当者に確認中であること、
本日中に回答が得られることを伝えているので、相手も今後の
見通しが立てやすくなります。

また、返信以外の意思表示として、スタンプによるリアクションが挙げられます。例えば、「了解しました」の意味でサムズアップのスタンプを送ったり、「ありがとうございます」の意味でハートのスタンプを送ったりと、その使い方は様々。返信よりもスピーディーにリアクションができる点が魅力です。

　ただし、スタンプの使用をよく思わない人も一定数いますので、使用する際は少し注意が必要です。弊社で行ったアンケート調査によると、スタンプのみのリアクションに対して約3割の人が「マナー違反である」と感じていることが分かりました。

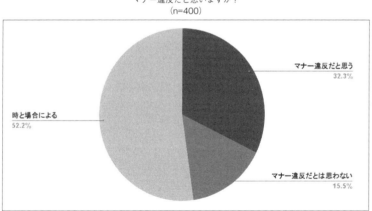

チャットにおいて、スタンプのみのリアクションは
マナー違反だと思いますか？
(n=400)

　スタンプを活用するためには、まず社内ルールを整備することをおすすめします。スタンプに対する理解が得られれば、チャットによるコミュニケーションはより効率化されるでしょう。

その14. 気持ちや感情をテキストで表現する

テキストによるコミュニケーションは対面とは異なり、表情や声色などの情報は伝わりません。気持ちや感情が伝わりづらく、場合によっては誤解を招くことさえあります。

弊社のアンケート調査によると、**約7割の人が「相手の表情が見えないことによる不安」**を感じることがあるようです。

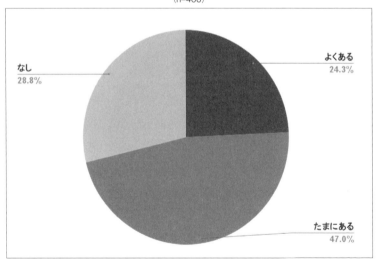

メール・チャットにおいて、相手の表情が見えないことによる
不安を感じることはありますか？
(n=400)

- よくある 24.3%
- たまにある 47.0%
- なし 28.8%

ちなみに、無愛想な文面にならないよう意識している人は5割程度であることが分かりました。

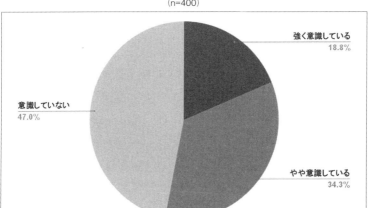

メール・チャットを送る際、
無愛想な文面にならないよう意識していますか？
(n=400)

強く意識している 18.8%
やや意識している 34.3%
意識していない 47.0%

「意識していない」と答えた人は約半数です。ビジネスコミュニケーションにおいて文面に感情を乗せてはいけない（＝無愛想でなければならない）と考えている人が多くいると予想されます。

　メール・チャットによるコミュニケーションのストレスを減らすためには、内容だけでなく表現についても工夫する必要があります。**メッセージを作成する際は、気持ちや感情を積極的にテキストで表現するよう心がけましょう。**

　まずはこちらのNG例をご覧ください。

NG 例)

お疲れ様です。○○です。

A 案件について、お願いしていた資料はいつ完成しますか？

　いたって普通の質問メッセージです。しかし、受け取った側は「急げ」と催促されているような気になるかもしれません。さらには、怒っていると解釈されてしまうこともあるでしょう。

　テキストコミュニケーションにおいては、相手にそのような気はなかったとしても、こうしたすれ違いが頻繁に生じます。対面の会話や電話などでは、このようなすれ違いは生じなかったでしょう。**声色や表情などといった情報が伝わらないテキストコミュニケーションでは、想像以上にネガティブな捉えられ方をしてしまうのです。**

　では、今回のケースではどのように修正すればいいのでしょうか。一例として、こちらをご覧ください。

書き換え例)

お疲れ様です。○○です。

A 案件について、お願いしていた資料はいつ完成しますか？

今後のスケジュールの参考にしたくご質問しました。

（急かす意図はありませんのでご安心ください！）

こちらのメッセージでは、質問の意図が明記されています。今後のスケジュールを確認するための質問であり、催促しているわけではないことがはっきりと分かります。ここまで書けば、読む側が誤解することはないでしょう。

また、「ご安心ください」という優しい文言に加えて「！」というポップな記号が使われていることで、文面全体が柔和な雰囲気になっています。

少し大げさに見えるかもしれませんが、**メール・チャットによるコミュニケーションにおいては、これくらいはっきりと書かないと気持ちや感情は伝わりません。**例えば「ありがとうございます」というメッセージにおいても、「ありがとうございます！とても嬉しいです」とひと工夫するだけで、印象は大きく変わります。

なお、「！」の使用については、スタンプと同じく抵抗感を持つ人もいますので、使用する際は少し注意が必要です。社内ルールを整えたうえで、上手に活用しましょう。

その15. 送信前に必ず見直しをする

　メール・チャットの内容は、送信前に必ず見直しをしましょう。メッセージを作り終えて満足してはいけません。「ミスは必ず生じるものであり、見直しの段階で取り除くものである」という意識を持つことが大切です。プロのライターが原稿を書く際も、見直しにはかなりの時間を要します。

　弊社のアンケート調査によると、**7割以上の人がメール・チャットを送信する前に見直しをしていることが分かりました。**

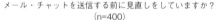

メール・チャットを送信する前に見直しをしていますか？
(n=400)

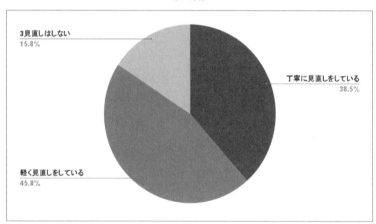

併せて、実践している見直しの手法について質問をしたところ、「一通り読み直す」という回答が多く寄せられました。

　メール・チャットのミスは可能な限り排除すべきです。ただし、ビジネスコミュニケーションであることを踏まえると、スピード感も重視する必要があります。

　見直しに時間をかけすぎていると、スムーズなコミュニケーションが阻害されてしまいます。クオリティとスピードの両方を担保するために、**例えば、お詫びのメールや、重要な商談のメール、一斉送信の告知メールを送るときは細かく見直しをするようにしましょう。**

　まずは、全体の誤字脱字のチェックです。有効な手法として音読が挙げられます。小さい声で構いませんので、自分が書いた文章を声に出して読んでみましょう。音のリズムを意識しながらチェックできるので、黙読による見直しよりも高い精度でミスを見つけることができます。

　それでは、音読による誤字脱字チェックを実践してみましょう。以下の文章には、一読しただけでは見つけづらい誤字脱字が複数含まれています。音読を活用しながらミスを見つけてみてください。

お疲れ様です。X社の担当者変更に関するご報告です。
私が担当するX社からクレームを頂戴し、担当を伊藤に
交代することになりしました。
クレーム発生の原因は、見積書の送付漏れです。
経緯は以下のとおりです。

・見積書を送付すべき日に私が病気で欠勤
・同部署の田中に見積書送付を依頼するも、すぐには対
応できず
・本日先方より電話があり、見積証の送付漏れが発覚

送付漏れの原因は、私が田中に急ぎである旨を伝えてい
かなったこと、見積書送付の確認を怠たったことにあり
ます。
X社には電話でご説明したうえで謝罪済みです。
先方はご立腹で担当の変更を希望されていすので、担当
を伊藤に代わってもらうことこにしました。

ご報告は以上です。

ミスがあった箇所は、以下のとおりです。

- 担当を伊藤に交代することに**なりしまた**
- 本日先方より電話があり、**見積証**の送付漏れが発覚
- 私が田中に急ぎである旨を**伝えていかなった**
- 見積書送付の確認を**怠たった**
- 先方はご立腹で担当の変更を**希望されていす**ので
- 担当を伊藤に**代わってもらうことこ**にしました。

　すべて見つけられたでしょうか。誤字脱字というものは想像以上に見つけづらいものです。慎重に見直すようにしましょう。

　誤字脱字のチェックの次は、固有名詞と数字情報のチェックです。固有名詞は、人名や企業名、サービス名などが例として挙げられます。数字情報は、日時や価格、人数などが例として挙げられます。どちらもミスがあると大問題に発展しかねないので、固有名詞と数字情報だけは入念にチェックするようにしましょう。

　例として、以下の情報をチェックしてみたいと思います。

KFC Hall & Rooms の住所は以下のとおりです。
- 東京都墨田区横綱 1-6-1 国際ファッションセンタービル

ビル名と住所を Web で検索してみたところ、住所の情報に誤りがあることが分かりました。上記では「墨田区横綱(よこづな)」と書かれていますが、正しくは「墨田区横網（よこあみ）」です。固有名詞などに関しては、Web で検索するとミスを見つけやすくなるでしょう。

　以上、誤字脱字のチェックと固有名詞・数字情報のチェックについてご説明しました。最低でも上記の見直しだけは実践することをおすすめします。近年では ChatGPT などの生成 AI を活用した校正も主流になりつつありますので、上手に活用しながら効率的に見直しを進めましょう。

第五章
メール・チャットの教え方
7箇条

　ここからは、メール・チャットの「教え方」について解説していきます。指導する際の心構えや、具体的な指導方法などについて詳しく見ていきましょう。

　こちらは、本書の冒頭でもお見せした、指導の際のストレスにまつわるアンケートです。「人によって指摘が異なる」「説明が抽象的でわかりづらい」「指摘に一貫性がない」など、教わる側も大きなストレスを感じていることが伺えます。今一度これらの項目を確認しつつ、部下が感じるこうしたストレスを払拭できるような指導をしていきましょう。

上司にメール・チャットの書き方を教わる際、
どのようなストレスがありますか？
（n=200、複数回答可）

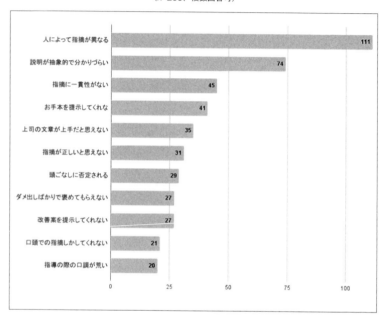

その1.「メール・チャットによる報連相の 3大原則」を共有する

　メール・チャットの指導をする際にまずやるべきは、第一章でお伝えした「メール・チャットによる報連相の3大原則」を部下に共有することです。これらの原則は、テキストによるビジネスコミュニケーションの前提となる部分です。指導する側・される側ですれ違いが生じぬよう、事前に共通認識を獲得しておきましょう。

原則1. メール・チャットは「読むのが面倒なもの」である

　「文章を読む」という行為は、基本的には面倒なものです。それがビジネス上のやりとりとなれば、なおさらでしょう。メール・チャットを好き好んで熟読する人はいません。誰しもが多かれ少なかれストレスを感じています。

　こうしたストレスを生じさせないためには、読みやすくしたり、文量を減らしたり、往復を減らしたりする工夫が必要です。「書けば読んでもらえる」という思い込みは捨て、相手に負担をかけずに読んでもらう工夫をするよう心がけましょう。

原則2. テキストによる情報伝達は想像以上に伝わりづらい

　メール・チャットは「非同期コミュニケーション」であり、

時間や場所を選ばない、落ち着いて対応できるなど、様々なメリットがあります。一方で、「情報伝達が難しい」というデメリットもあります。相手の表情が見えない上に、声の抑揚なども感じ取れないため、お互いに得られる情報が限られてしまいます。

テキストによる情報伝達は想像以上に伝わりづらいことを自覚することが大切です。「書けば理解してもらえる」という思い込みは捨て、細部まで丁寧に文章を作り込む癖をつけましょう。

原則 3. ビジネスコミュニケーションには必ず目的がある ✐

ビジネスコミュニケーションには、友達との雑談などとは異なり、常に明確な目的があります。目的が不明瞭な状態で行われるビジネスコミュニケーションでは、必ずと言っていいほどすれ違いが生じます。

ビジネスシーンでメール・チャットを作成する際は、**目的を明確化しつつ、その目的を常に念頭に置くことが求められます。**併せて、その目的を相手にもしっかりと共有することも忘れないようにしましょう。

その2.「自分の文章は完璧」という先入観を捨てる

　読者の皆様は、自分の文章に対してどのくらいの自信をお持ちでしょうか。アンケート調査によると、**7割以上の人は自分が書くメールやチャットにある程度の自信を持っていることが分かります。**

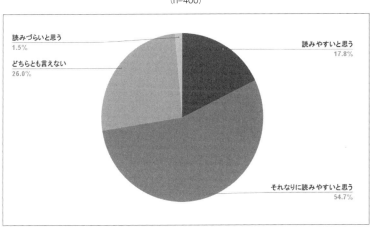

自分が書くメールやチャットは読みやすいと思いますか？
(n=400)

読みづらいと思う 1.5%
どちらとも言えない 26.0%
読みやすいと思う 17.8%
それなりに読みやすいと思う 54.7%

　自分の文章スキルに自信を持つことは素晴らしいですが、過信は禁物です。なぜなら、日本語という言語は非常に複雑であり、正誤を判断するのが難しいケースが多々あるからです。**「自分の文章は完璧」「自分と違う書き方は誤り」という先入観を持って指導に臨むと、大きな失敗につながる可能性があります。**

具体例を挙げて考えてみましょう。「〇〇させていただく」という表現は一般に広く使用されていますが、この表現は文法として正しいと思いますか？誤りだと思いますか？

　アンケート調査では、以下のような回答が得られました。

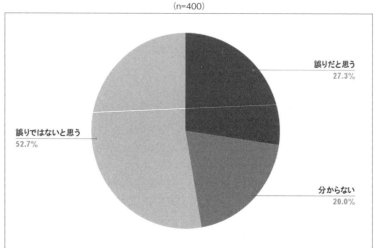

「〇〇させていただく」という表現は文法として誤りだと思いますか？
(n=400)

- 誤りだと思う 27.3%
- 分からない 20.0%
- 誤りではないと思う 52.7%

　約半数は「誤りではないと思う」と回答しつつ、「誤りだと思う」「分からない」という回答も一定数ありました。「〇〇させていただく」という一般的な表現でさえ、個々の解釈にこれほどの差があるのです。

　「〇〇させていただく」を誤りとする際の理由として、「二重

敬語になっているから」という点を挙げる人も多いでしょう。二重敬語になる場合も確かにありますが、すべてに当てはまるわけではありません。

　例えば「拝見させていただく」という表現について。「拝見する」は「見る」の謙譲語であり、すでに敬語の要素が含まれています。よって、「拝見させていただく」は二重敬語と判断されます。一方で、「確認させていただく」や「説明させていただく」のような表現は、二重敬語にはあたりません。

　このように、日本語は正誤判断が意外と難しいものなのです。**指導の際には、自分の知識や理解が完璧ではないことを念頭に置きましょう。**むしろ、他者の視点や新しいアプローチを学ぶ機会と捉え、謙虚な姿勢で指導に臨むことが大切です。

　指導において重要なのは、他者の視点や意見を受け入れる姿勢です。例えば、同僚や部下が異なる表現方法を提案した際に、それを頭ごなしに否定するのではなく、その背景や理由を理解しようと努めることが大切です。

　また、指導者自身が常に学び続ける姿勢を持つことも重要です。言語は生き物であり、時代と共に変化します。新しい表現やトレンドが生まれることもあります。これに対応するためには、自己研鑽を怠らず、最新の情報を常に取り入れることが求められます。

その3.「正しさ」よりも「読みやすさ」に着目する

　先述したとおり、日本語という言語は非常に複雑であり、正誤を判断するのが難しいケースが多々あります。「正しいかどうか」という視点で指導する場合は、日本語文法に関するハイレベルな専門知識が求められるでしょう。

　そのため、メールやチャットの指導において「正しさ」を追い求めるのはあまり現実的ではありません。それよりも**「読みやすいかどうか」という視点で指導すべきである**と私は考えます。

　「正しさ」にこだわると、細かな文法や表現のミスを指摘することに終始し、全体のメッセージが見えづらくなることがあります。さらに、文法の微細な点に対する指摘は、部下にとってプレッシャーとなり、コミュニケーションの自由度を奪う可能性があります。こうすることで、部下はメールやチャットを書くことに対して萎縮し、結果的にコミュニケーションの質が低下してしまうかもしれません。

　多くの人は「正しいかどうか」という基準で部下を指導しがちです。これは、正確な文法や語彙を重視するあまり、実際の業務コミュニケーションにおける実用性や効果を見落としてしまうためです。

興味深いデータがあります。アンケート調査で「部下への指摘」について質問したところ、上位にあるのは「誤字脱字」や「情報の正確性」といった明らかなミスに対する指摘でした。

　一方で、文章の構造や表現など、「読みやすさ」に関わる指摘は少なめでした。明らかなミスに対する指摘は容易であるため、このような結果になったのだろうと推測できます。

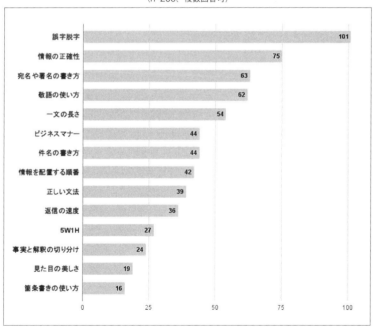

部下にメール・チャットの書き方を指導する際、どのような指摘をすることが多いですか？
（n=200、複数回答可）

もちろん、誤字脱字や情報の正確性に対する指摘は重要であり、これらは無視すべきではありません。しかし、このように「正しさ」ばかりにこだわって指導していると、明らかに間違っている箇所にしか指摘ができなくなります。結果、指導の際の視野がどんどん狭くなっていくでしょう。

　そうではなく、例えば本書で扱った「一文一義」や「見出しの活用」など、読みやすさを改善するための指摘を積極的にしてあげてほしいところです。

　「読みやすさ」に着目した指導は、部下の文章作成能力を向上させるだけでなく、彼らの自信を育む効果もあります。部下が自分の文章が他者にとって読みやすいものであることを認識できれば、自己効力感が高まり、コミュニケーションに対する意欲が増します。こうすることで、全体の業務効率も向上し、組織全体のパフォーマンスが向上するでしょう。

その4.「読みやすい文章」の定義を説明する

　前項では、「正しさ」よりも「読みやすさ」に着目してほしいという旨をお伝えしました。このようなスタンスで指導にあたる場合、まずは「(上司が思う)読みやすい文章」の定義を分かりやすく示す必要があります。この定義が指導の基準となると同時に、部下が目指すべきゴールにもなります。

　逆に言えば、**「読みやすい文章」の定義が示されていない状態での指導は、どうしても抽象的になりがちです。**部下からすると「上司の思いつきによる指摘」や「上司の好みによる指摘」のように見えてしまうかもしれません。具体的な基準がないと、部下は何を目指して文章を改善すべきかが分からず、指導の効果が薄れてしまいます。

　弊社のアンケート調査では、「読みやすい文章の定義」の扱いに関する実態が明らかになりました。上司と部下の両方にアンケートを実施した結果、「定義を示している」と答えた上司は3割未満、「定義を示されたことがある」と答えた部下は2割未満でした。指導の際に読みやすい文章の定義を共有するケースはあまりないようです。

メール・チャットの書き方を指導する際、
読みやすい文章の定義を提示していますか？
(n=200)

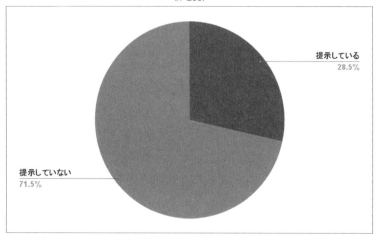

上司にメール・チャットの書き方を教わる際、
読みやすい文章の定義を提示されたことはありますか？
(n=200)

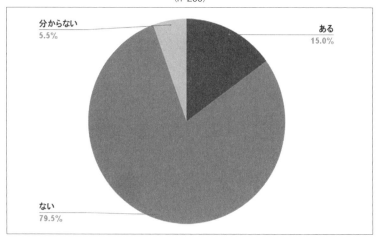

読みやすい文章の定義を示す際は、規範となる例文を用意したうえで、解説付きで共有してあげましょう。以下、弊社が運営するビジネスメール・チャット添削研修で活用している事例をご紹介します。こちらでは、NG 例と OK 例を提示しつつ、解説を加えています。

NG 例）

お疲れ様です。○○です。実は、先週火曜日から、私が今年に入って 2 回目のインフルエンザになってしまい病欠で出社できない日がありまして、その休んでいる期間に、急ぎでお客様に対応しないといけない業務がありました。対応する必要があったのは、X 社への見積書の送付でしたので、同じ部署の田中なら、対応できると思いまして、見積書を送付してもらうよう電話でお願いしました。本日、X 社から「見積書が送られてきていない」とお叱りの電話をいただき、慌てて田中に確認したのですが、急ぎではないと思っていたようで、見積書の送付をしていなかったようです。その後、私の方から X 社に謝罪の電話をしましたが、かなりご立腹のようで X 社からは「担当を変えてくれ」と言われており、今回は担当を伊藤に代わってもらうことにしましたので、よろしくお願いいたします。

【NG ポイント】

◉一文が長く読みづらい

◉内容の切れ目が分かりづらい

◉要点が分かりづらい

◉不要な情報が入っている

OK 例)

お疲れ様です。○○です。
X 社の担当者変更に関するご報告です。

私が担当する X 社からクレームを頂戴し、担当を伊藤に交代することになりました。
クレーム発生の原因は、見積書の送付漏れです。
経緯は以下のとおりです。

・見積書を送付すべき日に私が病気で欠勤
・同部署の田中に見積書送付を依頼するも、すぐには対応できず
・本日先方より電話があり、見積書の送付漏れが発覚

送付漏れの原因は、私が田中に急ぎである旨を伝えていなかったこと、見積書送付の確認を怠ったことにあります。
X 社には電話でご説明したうえで謝罪済みです。
先方はご立腹で担当の変更を希望されていますので、担当を伊藤に代わってもらうことにしました。

ご報告は以上です。

【OK ポイント】

- ◉**要点から書かれている**
- ◉**一文一義が守られてる**
- ◉**適度な空白がある**
- ◉**内容の切れ目が分かりやすい**
- ◉**余計な情報が書かれていない**

　上記の例文を「読みやすい文章」の定義としてそのまま使っていただいても構いません。余裕がありましたら、事業内容に即したオリジナルの例文を作成してみてください。自社の具体的な業務に関連する例文を使用することで、部下は日常業務において実践しやすくなります。営業報告書や顧客対応メールなど、実際に使用する文章を例に挙げることで、より実践的な指導が可能となるでしょう。

その5. 添削を通じて問題点や改善案を提示する

　メールやチャットの指導において、最も効果的な方法の一つが「添削」です。添削とは、文章をチェックしながら問題点を個別に指摘し、解決策を提示することを指します。**具体的なフィードバックを受けることで、部下は自分の文章の問題点を理解し、どのように改善すればよいかを学ぶことができます。**弊社の講座や研修でも添削は必ず導入しており、その効果を実感しています。

　ただし、これまで人の文章を添削したことなんてないという方や、添削は手間がかかるため苦手意識を持つ人も少なからずいるでしょう。**添削は地道な作業であり、それなりに労力がかかります。**また、ある程度の文章スキルも必要です。苦手に思う人がいるのも無理はないでしょう。

　アンケート調査では、添削に苦手意識を持っている人が多くいることが分かりました。

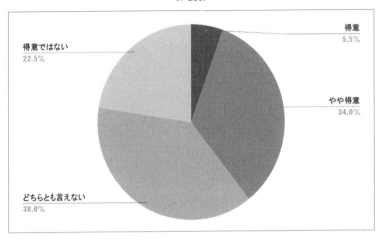

　添削は手間のかかる作業ではありますが、ぜひ皆様にも実践していただきたいところです（第六章で添削の実践例を複数紹介していますので、合わせて参考にしてみてください）。

以降では、私が実践する添削方法をご紹介します。

　添削指導には、WordやGoogleドキュメントを使用することをおすすめします。これらのツールは、指摘したい箇所にコメントを残せるため、具体的なフィードバックを行いやすいです。弊社では、オンラインでの共有がしやすいGoogleドキュメントを使用しています。このツールを利用することで、リアルタイムでのフィードバックや、共同作業がスムーズに行えます。

こちらは、私が運営する「ビジネスメール・チャット添削研修」内で行った添削シートのスクリーンショットです。

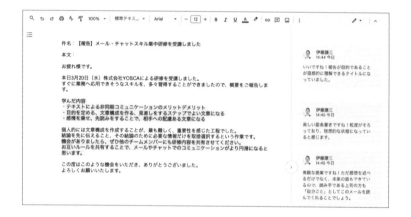

　このようなかたちで、メール・チャットの本文を Google ドキュメントにコピペし、指摘箇所に対してコメントを挿入していきます。

　なお、**コメントを挿入する際は「単なるダメ出し」にならないよう注意しましょう**。単に間違いを指摘するだけではなく、建設的な提案やアドバイスを提供することが重要です。

NG 例)
読みづらいので書き直してください。

この指摘には、「なぜ読みづらいのか」「どのように書き直せば改善されるのか」という情報が書かれていません。このような投げやりな指摘はせず、より具体的にアドバイスしましょう。次のような指摘が理想です。

OK例）
こちらの一文は90文字あり、少々長めに感じられました。以下のように二文に分けると、より理解しやすくなるでしょう。

書き換え例：
対応する必要があったのは、X社への見積書の送付です。同部署の田中なら対応できると思い、見積書の送付を電話で依頼しました。

問題がある部分に対して、問題の原因と対策、そして改善例を提示しています。「読みづらいので書き直してください。」というコメントと比べると、圧倒的に建設的なアドバイスになっていると思います。

加えて、コメント挿入の際は言葉遣いにも十分に注意しましょう。先述した以下の2つのルールを思い出してください。

◉「自分の文章は完璧」という先入観を捨てる
◉「正しさ」よりも「読みやすさ」に着目する

　自分の考えを押し付けるような書き方は NG です。

> 「私はこう感じたが、あなたはどう思う？」
> 「このように修正してみてはどう？」

　このような表現をベースとし、部下に寄り添った書き方をしてあげてください。

その6. いいところを見つけてしっかり褒める

　前項では、添削指導におけるコメントの挿入についてお伝えしました。このとき、問題箇所への指摘だけで終わらせてはいけません。「いいところを見つけてしっかり褒める」という意識を持ちましょう。

例）

要点が端的にまとめられていますね。とても読みやすいです！

引き続きこの書き方を実践していきましょう。

　この「褒める」という行為こそが、添削指導において最も重要であると考えています。**「何ができていないか」を伝えるのも大事ですが、同じく「何ができているか」を伝えてあげるのも大事です。**部下の学習効率を高めますし、何より部下のモチベーションアップにつながります。

　皆様は部下への指導の際に、モチベーションには配慮していますでしょうか。アンケート調査では、指導時のモチベーションへのケアについて、以下のようなデータが得られました。

メール・チャットの書き方を指導する際、部下のモチベーションには配慮していますか?という問いに対し、「配慮していない」という回答が40%を超えて最も多い結果となりました。これを見ると、部下のモチベーション対する配慮が十分ではないことが分かります。

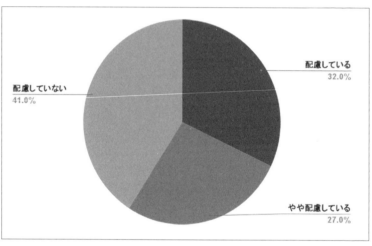

文章の添削は得意ですか?
(n=200)

　添削指導を受けた部下は、少なからず心にダメージを負います。ダメな箇所を延々と指摘されるわけですので、よい気分はしないでしょう。「褒める」という行為を含め、なんらかのケアをしてあげたいところです。

　なお、褒める際のコメントは具体的である必要はありません。

改善点への指摘をする際は「原因・改善策・改善例」を書くのがベストですが、褒める際は「いいですね！」「素晴らしいです！」「Good です！」くらいのコメントでも十分に効果があります。

　もちろん、具体的な理由を書いたほうが学習効率は高いですが、それなりに労力がかかります。それよりも「ポジティブな声をたくさんかけてあげる」という点に注力していただければと思います。**挿入コメントの割合は「指摘 7：褒め 3」が理想です。**

　何事においても、目立つのは「ダメなところ」であり、「いいところ」は注意深く観察しないと見つかりません。加えて、読みやすい文章に関する知識を身につけておかなければ、そもそも「いいところ」は見つけられません。

　「いいところを見つけてしっかり褒める」という作業は想像以上に難しいものですが、ぜひ頑張って取り組んでいただければと思います。

その7. 総評を添えて今後の指針を示す

　添削指導のコツをもう一つお伝えします。それは「総評」を記載することです。部下の文章の傾向や改善すべき課題などを総評としてまとめ、今後のメール・チャット作りの指針を示してあげましょう。

　例）

○○さんのメールの文面を添削させていただきました。

とてもよく書けていますね！

要点や目的が冒頭に書かれており、理解しやすい文章になっていました。「要点から書く」という点を意識できていますね。

素晴らしいです。今後もこの書き方を実践していきましょう。

　少し気になった点は、一文の長さです。コメントでも挿入したとおり、部分的にではありますが一文な長く、読みづらくなっている箇所がありました。一文一義を念頭に置きつつ、もし長くなってしまう場合は文をふたつに分けるなどの対応をしましょう。

　総評は以上です。この調子で頑張りましょう！

コメントの挿入と同じく、こちらも指摘と褒めのバランスを意識しながら書くとよいでしょう。**「いいところを褒めてから改善点を指摘する」という流れが理想です。**弊社の講座・研修においても、コメントを挿入したあとには必ず総評を書き加えるようにしています。

　メール・チャットの指導をしていると、どうしても意識が「文章の改善」に向いてしまいがちです。もちろんそれも間違いではないのですが、**本当に意識を向けるべきは「部下の成長」であるはずです。**総評として部下にメッセージを送り、ぜひその成長を温かい目で見守ってあげていただければと思います。

Column 2

「!」の使用はマナー的にアリだと思う?

　読者の皆様は、メール・チャットの文中で「!」を使用したことはありますか?私はどのようなシーンでも積極的に使用しているのですが、そもそもこのような使い方はビジネスマナーとしてアリなのでしょうか。

　弊社で行ったアンケート調査では、メール・チャットにおける「!」の使用の是非について、以下のような結果が得られました。メールとチャットで分けて回答を収集しています。

ビジネスメール・チャットで「!」を使うのはアリだと思いますか?
(n=300)

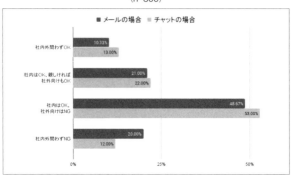

　最も多かった回答は、メール・チャット問わず「社内はOK、社外はNG」というものでした。そして、メール・チャットのどちらにおいても、社内向けのメッセージであれば8割以上の方が「!」の使用を許容しています。一方で、社外向けのメッセージにおいては、メール・チャット問わず「!」の使用はあまり許容されていない風潮がありそうです。

　とはいえ、「!」は気持ちや感情を手軽に表現できる便利な記号ですので、個人的にはどのシーンにおいても使用を推奨したいとろではあります。社内向けのメッセージでは積極的に使用し、社外向けのメッセージでは基本的には使用せず、様子を見ながら小出しにしていくといいかもしれませんね。

第六章

実践問題～部下のメール・チャットを添削してみよう～

　本章では、これまでご説明したノウハウをもとにして、実際に添削をしてみましょう。例題として、部下が作成したメール・チャットのメッセージを3つお見せします。皆様ならどのような指摘をして、どのような総評を書き加えるでしょうか。上司になったつもりで文章をチェックしてみてください。

【例題1】お取引先への質問メール

　例題1は、あなたの部下がお取引先の担当者に送った質問メールです。新たに立ち上げられたプロジェクトについて、スケジュールや担当者の確認をしています。しっかりと書けていますが、見せ方を工夫するともっと読みやすくなりそうです。

　こちらのメールの内容をチェックしたうえで、どの箇所に、どのようなフィードバックコメントを挿入すればいいでしょうか。また、総評としてどのようなコメントを投げかけてあげればよいでしょうか。考えてみましょう。

件名：新プロジェクトについて

株式会社 A
山田様

お世話になっております。
株式会社 B の佐藤です。

新プロジェクト「X プロジェクト」について 2 点ご質問
です。

プロジェクトはいつ頃に動き出しそうでしょうか？
初回のキックオフミーティングの日程を調整できました
ら幸いです。

また、各タスクの担当者は決まっておりますでしょうか。
お決まりでしたらご共有をお願いしたく、未定の場合は
初回ミーティングで担当を決めていきましょう。

以上です。
ご確認のほどよろしくお願いいたします。

添削例 🖊

件名：**新プロジェクトについて** ●

株式会社 A
山田様

お世話になっております。
株式会社 B の佐藤です。

**新プロジェクト「X プロジェクト」について 2 点ご質問
です。** ●

プロジェクトはいつ頃に動き出しそうでしょうか？ ●
初回のキックオフミーティングの日程を調整できました
ら幸いです。

また、各タスクの担当者は決まっておりますでしょうか。
**お決まりでしたらご共有をお願いしたく、未定の場合は
初回ミーティングで担当を決めていきましょう。** ●

以上です。
ご確認のほどよろしくお願いいたします。

総評 🖊

非常によく書けていました！伝えたいことを整理してから書き
始めていることがよく分かりました。素晴らしい心がけですね。
一文の長さや見出しなど、見た目の部分を工夫すると、今以上
に読みやすくなると思いました。
総評は以上です。以降の文章作成の参考になりましたら幸いで
す。文中にフィードバックコメントを挿入していますので、併
せてご確認ください。

件名はもう少し具体的に書いたほうがいいですね。詳細な情報を書き加えてみましょう。

書き換え例：

【Xプロジェクト】スケジュールおよび担当者のご確認

いいですね！要点が冒頭に配置されているので分かりやすいです。加えて「2点」と書くことで、質問量が直感的に理解できました。素晴らしい配慮だと思います。

複数のトピックを扱う際は、見出しを使うとより見やすくなります。

書き換え例：

【1】初回のキックオフミーティングの日程調整について

～～～～～～～

【2】各タスクの担当者について

～～～～～～～

「未定の場合」を想定した配慮、素晴らしいですね！ただし、一文がやや長めな印象です。ふたつに分けるとより読みやすくなるでしょう。

書き換え例：

お決まりでしたらご共有をお願いいたします。
未定の場合は初回ミーティングで担当を決めていきましょう。

【例題 2】上司との日程調整（チャット）

　例題 2 は、部下があなたに向けて送ったチャットメッセージです。X プロジェクトの次回の打ち合わせ日程を決めたいようです。決して悪くはありませんが、部分的に改善すべき点がありそうです。

　こちらのチャットの内容をチェックしたうえで、どの箇所に、どのようなフィードバックコメントを挿入すればいいでしょうか。また、総評としてどのようなコメントを投げかけてあげればよいでしょうか。考えてみましょう。

お疲れ様です。

以下の候補日の中で、ご都合のよい日時をお知らせいただけますでしょうか。

7 月 15 日 10:00 〜 12:00
7 月 16 日 14:00 〜 16:00
7 月 17 日 9:00 〜 11:00

X プロジェクトの次回の打ち合わせについて、日程調整のご協力をお願いします。

上記のいずれかの日時でご都合がつかない場合は、他の候補日を提案いただけると助かります。

お手数をおかけいたしますが、早めにご回答いただけると助かります。よろしくお願いいたします。

添削例 🖉

お疲れ様です。
以下の候補日の中で、ご都合のよい日時をお知らせいた
だけますでしょうか。

7月15日 10:00 ～ 12:00
7月16日 14:00 ～ 16:00
7月17日 9:00 ～ 11:00

Xプロジェクトの次回の打ち合わせについて、日程調整
のご協力をお願いします。
上記のいずれかの日時でご都合がつかない場合は、他の
候補日を提案いただけると助かります。

お手数をおかけいたしますが、早めにご回答いただける
と助かります。よろしくお願いいたします。

総評 🖉

大きな問題はありませんでした。よく書けていますね。
細かい部分で言うと、以下の点を意識すればさらに読みやすく
なると思ます。
◉要点から書く
◉日時情報は具体的に書く
総評は以上です。この調子で頑張りましょう！文中にフィード
バックコメントを挿入していますので、併せてご確認ください。

この一文よりも前に、メッセージの要点を書いたほうがいい
ですね。読み手の理解がよりスムーズになるはずです。
書き換え例：
Xプロジェクトの次回の打ち合わせについて、日程調整のご
協力をお願いします。
以下の候補日の中で、ご都合のよい日時をお知らせいただけ
ますでしょうか。

いいですね！箇条書きによって非常に見やすくなっていまし
た。欲を言えば、日付に曜日を加えるともっと理解がスムー
ズになると思います。

この一文が当メッセージの要点にあたります。要点を一文で
端的にまとめられてる点、素晴らしいです！こちらを冒頭に
書けば、より理解がスムーズになるでしょう。

いいですね！受け手の反応を予測した先回りの対応ができて
います。メッセージの往復を減らすための素晴らしい工夫で
すね。

「早めに」という表現では、受け手が判断に迷ってしまうか
もしれません。できれば日時を指定してあげたいところです。
書き換え例：
お手数をおかけいたしますが、7/10（水）までご回答いただ
けると助かります。

【例題3】上司への報告（メール）

　例題3は、部下があなたに向けて送ったメールです。「ビジネスメール・チャット添削研修」という社外研修を受講した旨を報告しています。上手に書けていますので、積極的に褒めてあげたいところです。

　こちらのチャットの内容をチェックしたうえで、どの箇所に、どのようなフィードバックコメントを挿入すればいいでしょうか。また、総評としてどのようなコメントを投げかけてあげればよいでしょうか。考えてみましょう。

件名：「ビジネスメール・チャット添削研修」修了のご報告

山田様

お疲れ様です。○○です。
「ビジネスメール・チャット添削研修」を無事修了しましたことをご報告いたします。

当研修を通して、文章に関する様々なノウハウを学ぶことができました。
そして、テキストによって情報を迅速かつ正確に伝えるためには、多くの工夫が必要であることを痛感しました。

特に印象的だったのが「一文一義」という考え方です。
これまで私は、一文の長さを意識せずに文章を書いていました。
「一文を短くする」という点を意識するようにしてからは、自分の文章が格段に読みやすくなったと感じています。

本日はこのような貴重な機会をいただき、ありがとうございました！
引き続きご指導のほど、よろしくお願いいたします。

添削例 ✏️

件名：「ビジネスメール・チャット添削研修」修了のご報告

山田様

お疲れ様です。○○です。
「ビジネスメール・チャット添削研修」を無事修了しましたことをご報告いたします。

当研修を通して、文章に関する様々なノウハウを学ぶことができました。
そして、テキストによって情報を迅速かつ正確に伝えるためには、多くの工夫が必要であることを痛感しました。

特に印象的だったのが「一文一義」という考え方です。
これまで私は、一文の長さを意識せずに文章を書いていました。
「一文を短くする」という点を意識するようにしてからは、自分の文章が格段に読みやすくなったと感じています。

本日はこのような貴重な機会をいただき、ありがとうございました！
引き続きご指導のほど、よろしくお願いいたします。

総評 ✏️

素晴らしいですね！パーフェクトです。非の打ち所がございません。「報告」という体裁を最後までキープしつつ、ご自身の気付きや感想を分かりやすくまとめていますね。

研修の報告となると、どうしても日時や場所などの情報を記載したくなるものです。これも間違いではありませんが、個人的には、気付きや感想を主体とした報告のほうが魅力的だと思います。

総評は以上です。これからも自信を持ってメール・チャットの作成に取り組んでくださいね。文中にフィードバックコメントを挿入していますので、併せてご確認ください。

> いいですね！要点が分かりやすくまとまっていました。研修名を正しく書けている点も Good です。固有名詞を丁寧に見直しをしていることが伝わりました。

> 「学んだこと」を報告のメインとしている点、とてもいいですね！事務的な報告ではなく、自分なりの考察を交えた、読み応えのある報告メールになっていました。

> 素敵な気付きですね！

> 「！」の使い方、いいですね！メッセージの最後にさりげなく加えることで、全体がポジティブな雰囲気になりました。高度なテクニックではありますが、上手に使いこなせていますね。

第七章
メール・チャットの指導に潜む構造的な問題点

　ここまで、メール・チャットの書き方や指導方法について解説してきました。比較的シンプルなノウハウが多く、誰でも簡単に実践できそうだなと感じていただけたことでしょう。

　とはいえ、メール・チャットの指導には構造的な部分で課題が多く、やはりメール・チャットの指導は難しいと言わざるを得ません。第六章では、メール・チャットの指導を難しくしている構造的な問題点について解説します。

理由1：書く技術に精通している人が少ない

　メールやチャットの書き方を自信を持って指導するためには、文章を書く技術にある程度精通していることが望ましいです。しかし、現実にはこの技術を体系的に身に付けている人はあまり多くありません。

　大半の人は、文章を書く技術を学校教育で学んできました。小学校から高校、さらには大学に至るまで、主語・述語などといった基本的な文法についての教育が行われています。

　しかし、この段階で教えられるのはあくまでも文法の基礎でしかありません。具体的には、主語と述語の一致、適切な助詞の使い方、文の構造などです。これらの基本的な文法知識はもちろん重要ですが、**実際のビジネスシーンで求められる「読みやすい文章の書き方」や「効果的なビジネス文章の書き方」についてはほとんど教えられていません。**

　このため、多くの人は自己流で文章を書いているのが現状です。学校教育ではカバーしきれない実践的なノウハウを習得する機会がないため、ビジネスメールやチャットにおいても効果的な文章を書くことが難しくなります。特にビジネスの現場では、明確で簡潔な文章を求められることが多いため、このギャップは大きな問題となります。

147

弊社で行ったアンケート調査の結果も、この問題を裏付けています。**調査では、文章を書く技術を学校教育以外で学んだことがある人はわずか２割程度に留まりました。**文章を書く技術を体系的に身に付けている人が非常に少ないことが分かります。学校教育以外で文章の書き方を学ぶ機会が少ないことが、この結果に影響していると考えられます。

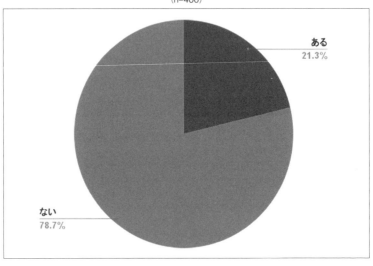

文章を書く技術について、学校教育（小中高大）以外で
学んだことはありますか？
(n=400)

ある 21.3%
ない 78.7%

　メールやチャットの書き方指導において、必ずしも文章を書く技術に精通している必要はありませんが、その技術があるに越したことはありません。文章を書く技術に精通している指導者は、効果的な文章の構造や適切な言葉の選び方など、実践的

なノウハウを共有することができます。これにより、学習者は
より効果的に文章を書くことができるようになります。

　また、指導効率を考えると、文章に関する知識や経験が豊富
な人が指導にあたるほうがよいでしょう。例えば、文章を書く
技術に精通している指導者は、学習者がどのような問題に直面
しているかを正確に把握し、適切なアドバイスを提供すること
ができます。

　以上のように、**メールやチャットの書き方指導においては、
文章を書く技術に精通していることが大きな利点となります。**
現状では、この技術を体系的に身に付けている人が少ないため、
指導の質にばらつきが生じています。

　この問題を解決するためには、文章の書き方に関する教育を
充実させることが必要です。具体的には、学校教育において「読
みやすい文章の書き方」や「効果的なビジネス文章の書き方」
を教える機会を増やすことが求められます。また、社会人向け
の文章講座や研修を通じて、実践的な文章の書き方を学ぶ機会
を提供することも重要です。

理由 2：世代によってコミュニケーションのセオリーが異なる

　現代のビジネス環境において、メールやチャットのコミュニケーションは非常に重要な役割を果たしています。しかし、これらのツールの使い方やマナーには世代間で大きな違いがあり、そのギャップが指導を難しくしています。

　特に現在の 20 代である Z 世代、いわゆるデジタルネイティブは、仕事でもプライベートでもテキストコミュニケーションを当たり前のように使っています。彼らはスマートフォンやパソコンを駆使して、テキストによるコミュニケーションを日常的に行っています。このため、即座に返答を求められるチャット形式のコミュニケーションに慣れており、短く簡潔なメッセージを好む傾向があります。

　一方で、40 代以降の世代は異なるコミュニケーションセオリーを持っています。彼らは電話や対面での会話を重視してきた背景があり、メールでも丁寧な文章を心がける傾向があります。文章の構成や敬語の使い方に気を配り、フォーマルな表現を好むことが多いです。

　弊社で行ったアンケート調査では、上司と部下はお互いのメール・チャットに対して世代の違いを感じていることが分かりました。

部下のメール・チャットを見て、
世代の違いを感じることはありますか？
(n=200)

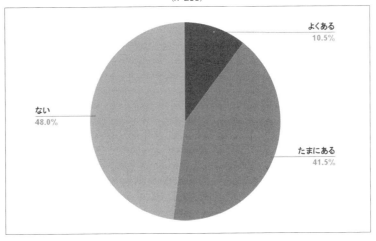

上司のメール・チャットを見て、
世代の違いを感じることはありますか？
(n=200)

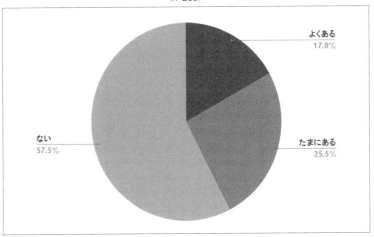

この世代間のギャップを象徴する例として、「マルハラ」という造語があります。これは「マルハラスメント」の略であり、メールやチャットの文末に句点（。）を使用することで威圧感や冷淡さを与えてしまう現象を指します。2024年1月にAbemaTVで放送された『ABEMA的ニュースショー』で取り上げられ、各方面で物議を醸しました。

　例）
お疲れ様です。A案件の進捗状況を報告してください。

　弊社で行ったアンケートでも、**上司のメール・チャットを見て「親しみがなく怖い」と感じてしまう部下が一定数いること**が明らかになっています。

上司のメール・チャットを見て
「親しみがなく怖い」と感じることはありますか？
(n=200)

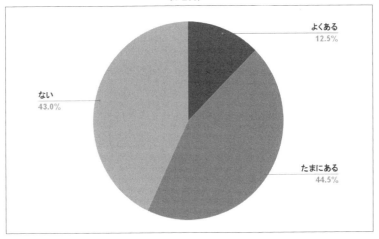

　コミュニケーションは時代と共に変化するものですので、「正しい・間違っている」という判断は安易にすべきではありません。それでもなお、30代以降の人でマルハラに納得できる人はほとんどいないでしょう。

　こうした現状が、メール・チャットの指導を難しくしています。異なる世代間でのコミュニケーションギャップを埋めるためには、双方が歩み寄り、理解し合う姿勢が必要です。具体的には、若手社員にはフォーマルな文書作成の重要性を教え、上司や先輩には現代の若者が感じるストレスポイントを理解してもらうことが重要です。

理由3：部下へのダメ出しには中毒性がある

　メールやチャットの書き方を指導する際、上司が特に注意すべき点の一つに「ダメ出しをしている状況に酔いしれない」というものがあります。

　上司が部下に対して指摘やダメ出しを行うことは、建設的なフィードバックの一環として重要です。しかし、指摘を繰り返しているうちに、いつしか自分が非常に優れた存在であるかのような錯覚に陥ることがあります。これは非常に危険な兆候であり、指導の本来の目的を見失う原因となります。

　指摘行為が目的化すると、上司は本来の指導目的を忘れ、重箱の隅をつつくような細かい点や揚げ足取りのような指摘が増えてしまいます。このような行為は、部下に対して必要以上に厳しい態度を取ることになり、部下のモチベーションを著しく低下させます。

　さらに、部下との関係を悪化させる原因にもなります。上司としては、指摘が目的ではなく手段であることを常に意識し、建設的なフィードバックを心掛ける必要があります。

　弊社で行ったアンケート調査によると、「問題点を指摘する行為に快感を覚えてしまうことがある」と答えた上司が一定数存

在することが分かりました。これは、ダメ出しに伴う快感を自覚している人の割合であり、無自覚な人を含めるとその数はもっと多いと考えられます。無意識のうちにダメ出しに酔いしれてしまう上司が多いことが、メールやチャットの指導における構造的な問題点の一つと言えるでしょう。

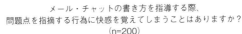

メール・チャットの書き方を指導する際、
問題点を指摘する行為に快感を覚えてしまうことはありますか？
(n=200)

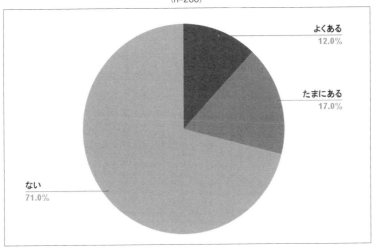

もちろん、上司が部下を思う気持ちがあることは理解できます。部下の成長を願い、よりよいパフォーマンスを引き出そうとする情熱や愛情は、指導者として欠かせない要素です。しかし、それと同時に冷静さも求められます。**指導にはバランス感覚が必要であり、過度なダメ出しは逆効果であることを肝に銘じておくべきでしょう。**

上司と部下の関係悪化を予防するためには、外部の専門家を活用するのも有効な方法です。経験豊富な外部講師を招いて、客観的な立場から指導を行ってもらうことで、上司自身も指導のあり方を見直す機会を得られます。外部講師による指導は、上司と部下の間に新たな視点を提供し、コミュニケーションの質を向上させる手助けとなるでしょう。

　また、上司自身も指導力を向上させるために継続的な学びを続けることが重要です。具体的には、リーダーシップ研修やコミュニケーションスキル向上のためのセミナーに参加することで、自分の指導方法を客観的に見つめ直すことができます。これにより、部下に対する指導が一方的なダメ出しにならないようにし、建設的で前向きなフィードバックを提供できるようになります。

おわりに

　本書では、ビジネスメール・チャットの書き方・教え方における重要な部分を凝縮して一冊にまとめました。いわばマニュアルです。メール・チャットの書き方を改めて見直したいときや、指導方法が分からなくなったときなど、さまざまなシーンで活用いただけるようになっています。ぜひ、いつまでも手元に置いておいていただきたい一冊です。

　ここまでお読みいただいた方ならお分かりかと思いますが、「文章を書く」という作業は想像以上に難しいものです。特にビジネスの場では、正確で簡潔かつ礼儀正しい表現が求められます。また、この技術を部下に教えるとなると、より一層の難しさが伴います。適切な指導を行うためには、自身がしっかりとした知識を持ち、具体的な例を示しながら教えることが重要です。

　ぜひ本書を参考にしながら、おおらかな気持ちを持って指導にあたっていただければと思います。そして、もしもうまく指導できない、あるいは丁寧に指導するだけの時間的な余裕がない、という場合には、私まで遠慮なくご連絡くださいませ。

　最後に、ここまでお読みいただきありがとうございました。本書が皆様の業務に少しでもお役に立てれば幸いです。貴社のますますのご発展を心よりお祈り申し上げます。

本書をお読みいただいた方へ

文章のプロが、ビジネスメール・チャットの書き方を徹底指導！御社のコミュニケーションロスを削減します。

＼ビジネスメール・チャット添削研修／

■研修費用（税込み）
- オンライン講義：16,500 円／人
- 講師派遣（対面講義）：22,500 円／人

※個人でのマンツーマン受講にも対応しておりますので、気軽にお問い合わせください。
※本書読者用の割引あり

ご要望に応じて講義時間のカスタマイズも可能です。
お気軽にご相談くださいませ。

当研修の特徴

●文章の専門企業が独自に開発
記事制作、書籍の出版、ライター講座の運営などを行う株式会社 YOSCA が、文章のプロとして培ったノウハウを本研修に詰め込みました。

●ワーク中心の実践型学習
講義で考え方を学び、ワークで手を動かしながら理解を深める。講義内では、弊社が考案した5つのオリジナルワークに取り組んでいただきます。

●要約力に着目したカリキュラム
本研修ではビジネスマナーは取り扱わず、ビジネスメール・チャットの基礎となる「伝えたいことを整理する力（要約力）」にフォーカスして学習を進めます。

●個別の添削で弱点を克服
効率よく成長するための秘訣は「プロによる添削」です。講義内で受講者が作成した文章に対して担当講師および添削スタッフが個別に添削をし、効率的な成長を促します。

●ご相談はこちらから
株式会社 YOSCA
研修講師・伊藤謙三
https://yosca.jp/training/mail_chat/

著者プロフィール

伊藤謙三（いとうけんぞう）

1989年、神奈川県生まれ。青山学院大学経済学部経済学科卒業。大学卒業後に株式会社YOSCAに入社し、編集者としてメディアの編集ディレクションおよびライターの育成に携わる。これまでに500人以上の駆け出しライターに対して文章の添削指導をした実績を持つ。現在は文章添削の専門家として、文章にまつわる講座や研修の開発・運営に着手。2020年に「あなたのライターキャリア講座」、2024年に「ビジネスメール・チャット添削研修」を立ち上げる。

部下のメール・チャットが読みづらい！と感じたときに読む本

2024年12月19日　初版発行

著　者	メール・チャット研修講師　伊藤謙三
編　集	株式会社YOSCA
デザイン	EDITWORKS
発行所	星天出版
印刷・製本	株式会社シナノパブリッシングプレス

本書は著作権法により保護されています。本書の全部または一部を星天出版に無断で複写、複製、転載、転記する行為は禁止されています。